灰色的调色板
我在美院

章燕紫 ／ 主编

中信出版集团 · 北京

图书在版编目（C I P）数据

灰色的调色板：我在美院 / 章燕紫主编 . -- 北京：
中信出版社，2018.4
ISBN 978-7-5086-8555-7

Ⅰ . ①灰… Ⅱ . ①章… Ⅲ . ①中央美术学院 – 校友 –
回忆录 Ⅳ . ① G649.281

中国版本图书馆 CIP 数据核字 (2018) 第 013901 号

灰色的调色板：我在美院

主　　编：章燕紫
出版发行：中信出版集团股份有限公司
（北京市朝阳区惠新东街甲 4 号富盛大厦 2 座　邮编　100029）
承 印 者：北京图文天地制版印刷有限公司

开　　本：710mm × 1000mm　1/16　　印　　张：16.5　　字　　数：150 千字
版　　次：2018 年 4 月第 1 版　　印　　次：2018 年 4 月第 1 次印刷
广告经营许可证：京朝工商广字第 8087 号
书　　号：ISBN 978-7-5086-8555-7
定　　价：68.00 元

出版统筹：曾孜荣　徐芸芸
策划编辑：时　光　　责任编辑：for　光　　营销编辑：李　晶　孔维珉　徐　哲
装帧设计：赵　妍　牛　刚

前言

章燕紫 / 文

记忆如初恋，
我存有一些当时的照片，
只是像素太低，现在只能看个大概。

12 层楼高的灰白色大楼，看起来很气派，
这在当时的王府井还很少见。
老美院的天窗教室，
那是古典主义的神性之光，
它时常出现在我的梦境，带着契里科画里的光影。

那时的中央美院是我心目中独一无二的艺术圣地。
搬了多次家，但总也忘不了。
写美院的往事、写美院的情怀，
就像写自己的父母、兄弟、姐妹。
我离她太近，一时无从谈起，
也不愿谈及更多，就像这是我的隐私。

那一年我 19 岁，
我坐上开往北京的列车。
入学考试在校尉胡同 5 号的校园，
整整考了一周。
中央美院的校徽含金量可高了。
我至今仍感到幸运。

那是打开我眼睛的第一堂课。
我画的第一幅油画女人体，

是坐着的背面，受法国画家莫迪的影响。
当时在德国新表现主义表现得最火爆。
一位同学说，他想把人脸画成绿色。
如果不画素描，只用一堆铁丝和钉子，
在一个空间里，仍然能得到训练。
描绘人体体温比人体比例更为重要。
树是转动的，世界也是转动的。
这个世界立体了。

不到 20 岁的我，
还不知道什么是忧伤。
那时北京街上已经有可口可乐卖。
从一亩园骑到王府井，需要两小时，
我不知疲倦地奔波于两点之间。

让我说说三画室，就是让我说说 27 年前的事，
我还得想一想。
不过一想，就觉得三画室和我目前的一切都有关。
石版工作室宽敞、幽暗。从早到晚都得开着日光灯。
研究生的教室在后排房，隔壁就是版画系毕业班的教室。
我们在画室里画过许多画，听过先生们的谆谆教导。
貌似破败却活力涌动的校园。
时常能看到老老少少、男男女女搬动作品。
得到过很多艺术的启发，也发生过不少观念上的争论。
源源不绝的创造火花和萌动的艺术锋芒。
不同的艺术流派在那狭小的校园里相互尊重地萌发出来，勃郁生长。
夜晚是画室一天中最静的时刻，静到可以听见暖气管里的水流。
地板上灰尘的味道和画架上颜料的味道很快混入梦乡。
教室里有同学养的乌龟和鱼，
有一只猴子名叫“小贱人”。

校园里满世界都是自己崇敬的老师、名画家。
给我们美术史系上过课的就有
徐邦达、谢稚柳、杨仁恺、宿白、王尧。

他们是真正的大家。
留苏回来的董祖诒先生，和我们情同父子。
侯一民先生是位绘画高手。
特别喜欢动物，退休后在戒台寺养了不少大狗和孔雀。
我们见了靳院长不免紧张，
可是一天撞个几回，也算混个脸熟了。
詹建俊先生高高的个儿，一脸严肃。
韦启美先生，每天拎个小绿布包，微笑飘过。
他坐在那，周围的空间就安静下来，空气的流动会变慢，
在走动的人中间，他像是不存在，别人也影响不到他。
版画系的广军先生长得像外国人。
骑着赛车在胡同里飞驰，长发飘飘非常帅。
傅天仇先生做讲座，开场白就说：
“我今天要把做雕塑的秘诀告诉你们。”
学生忍不住追问，先生沉吟片刻，
表情严肃地说：“看准了，再做！”
一位已经退休的教授轻松地对大家说：
“其实，画画是不能教的。”

那时，整个我这个人，都在逆反的、压抑的、踌躇满志的“青春期”。
每年春秋两季下乡，专挑贫穷落后地区，扫大街，住澡堂，吃糠咽菜。
偷过白菜，偷过羊腿，心里羡慕那些与杜键先生争论新思想的前卫学生。
可正是这些经历，刺激着我青春期发育不良的躯体和思维错乱的神经。
它潜在地影响着我的生命与艺术轨迹……

也是从那个时候开始，
我喜欢上了爵士乐、布鲁斯，
也学会了喝酒吸烟，满头长发不修边幅。
我们趴在阳台，或坐在楼梯口，
看着操场上过往的行人和过往的美女……
画儿上的美人儿是假的，这是真的，这也太好看了。
那时候弗洛伊德学说正大行其道，
我们都自诩为“力比多”过剩者，

我们酗酒、疯狂、吃药、割腕。
我们走遍中国的犄角旮旯，体验本来并不属于我们的生活。

那是个有意思的节点，
理想还没找到方向就蜷缩了回去。
也是从那年开始，我们好像长大了，
开始懂得了有一种情绪叫“忧伤”。
虽然每天依旧排着线条，可打那开始怀疑自己了。
那些老师们，始终与学生站在一起，
像爱护自己的孩子一样爱护我们。

温故的目的无疑地在于知新。
有些事情如果不提也就渐渐忘记了，
如同一张泛了黄的旧照片。
U 字楼已不复存在。
在画室里度过的日夜好像一场梦……
在今天的当代艺术大事记里，
有不少同学都成了重量级的人物。
让人惊异的是不变与本真，
依然宽厚温和的容貌和诗意的长发。

现在的北京仍然有许多可以去的地方，
可是我去得最多的还是美院。
似乎美院有种温度很适合我，让我温暖。
我不知道，有什么地方让我感觉比美院更亲切。

老美院变成了新美院，
我也从美院的新人儿变成了美院的老人儿。
这让我感到，
有一种东西眼看着在失去，
又无法挽留。

章燕紫，江苏镇江人。毕业于中央美术学院，硕士学位。现就职于中央美术学院。曾在上海美术馆、今日美术馆、那不勒斯当代美术馆、香港医学博物馆举办个展，作品被多家艺术机构收藏。

目录

校园的风景

范迪安 / 文

每个大学学府都有自己的校园风景，这种校园的风景既包含校园的建筑、空间、道路、树木、花草，当然更包括校园中来来往往的老师、学生，以及为学校服务的工作人员。每个大学的校园风景都有着因历史、环境和专业特性而不尽相同的性格，同时又能够体现出一所校园的文化特征，以及生活在这个校园中的人的追求。

对于中央美术学院来说，有一种校园的风景让我特别怀念，或者说，是觉得价值尤为可贵。1988 年冬天的一个清晨，在王府井校尉胡同 5 号的老校园里，当我走到校园里的操场——那是美院唯一的也是最大的公共空间时，一部分老师正在搬着他们的油画作品，准备送往中国美术馆参加我国首次“油画人体艺术大展”，那个展览后来被证明是轰动京城和全国美术界的一次大型展览。那些搬画的老师们，都以极为呵护的动作小心翼翼地为自己新鲜出炉的作品进行最后的装点。而同样在那个操场上，还出现了另一群老师和学生们，他们正搬动着一些锣鼓和道具，准备参加一次行为艺术活动。当我看到这两波人群和两批作品的时候，我觉得在他们之间形成了一种强烈的反差。实际上“油画人体艺术大展”和当时的一系列行为艺术活动，后来都被记录到中国美术的现代史中。而在中央美术学院同一个校园里，能出现这样艺术观念不同、艺术取向各异，艺术形态反差甚大的情景，可谓是 20 世纪 80 年代艺术思想解放，观念多元并存在美术学府中的具体体现。

在校尉胡同那有限的空间里，类似这样“搬运作品”的景象还有很多。对于美术学院的师生来说，除了上课，就是创作，而那时候创作的热情也达到了前所未有的高度。在十年“文革”浩劫中，中央美术学院可谓“元气大伤”，许多老画家在“文革”中遭受了不公正的待遇，甚至在摧毁艺术的运动中，许多优秀的作品灰飞烟灭。因此“文革”之后的复苏时代，也是老一辈艺术家重新复出的时代，他们既走向教学岗位，又不断勤奋创作。而中央美术学院始终延续下来的一个传统便是，无论在美院的资历有多高，无论是何种专业，教师们对待创作的热忱和完全自觉劳动

王府井校尉胡同 5 号校园

的精神是一致的。也就说，那个时代的教师，无论老中青，他们创作的空间就在校园的教室和工作室里。那时，他们没有像今天一样拥有自己的工作室，学校既是教学的课堂，也是创作的园地。于是，在校园中时常能看到老老少少、男男女女搬动作品，不断走动的身影，这也成为我印象中一道独特的校园风景。

也是在那个时候，人们对于艺术的追求既有共同的目标，同时又是谦谦君子，对不同的艺术观念互相尊重。既有人追求艺术探索、艺术创新，也有人延续研究传统、孜孜以求。不同的艺术流派就在那狭小的校园里各自独立地萌发出来，勃郁生长。也可以说，在那些搬着作品的身影之后，实际蕴含的是一种艺术的民主和学术的开放，营造了老中青几代人同堂切磋、相互鼓励的学术氛围。当时，我们这些学生们最为兴奋的莫过于悄悄地叩启老师的画室，因为那里既是课堂教学的延伸，也是不分长幼恣意畅谈的空间。而老师们最为得意的莫过于向学生展示自己的新作，畅谈自己最新的创作体会。在艺术劳动中，最可贵的莫过于自己动手，在我的印象中，那时已经在画坛享有名声的靳尚谊、詹建俊、闻立鹏、潘世勋等先生，就经常搬着自己的最新作品在校园里走动，或将作品送往各地参加即将开幕的展览，或在与学子们邂逅的任意场合轻松交流，他们的作品在未参加展览和得以发表之前，已经让美院的学子们先睹为快、大饱眼福，由此可以说，这样的校园风景是美术学院一种学术会心的体现。

如今，美术学院的校园已经变大了，专业教学划分得更为细致，也有了更好的物质条件，许多老师的创作不再在学校进行，校园里只剩下学生们搬运作品的身影。由此让我想到，营造学校的校园氛围，对美术学院尤为需要，这里既要有艺术创作的教育，也要有对艺术作品的讨论争辩与相互观赏，从而才能形成校园独特的文化景象。

美院的校园风景尤为体现在对艺术的多样探索上，中央美术学院作为中国美术教育的最高学府，不断向全国各地和世界各国辐射新的艺术观念和实践成果，在这样的一个艺术中心地带，如果仅仅有单一的景象，就会缺乏魅力与力量。只有中心本身拥有源源不绝的创造火花和萌动的艺术锋芒时，它所形成的艺术创造才能够产生真正的社会影响力与艺术感染力。

韦启美先生

徐冰 / 文

在一周左右的时间内，美院先后有两位先生辞世——油画家冯法祀先生和油画家韦启美先生。这让我感到有一种东西眼看着失去，又无法挽留。

几个月前，在校园见到韦先生的儿子浒生。他说："我和老爷子说你回来了，老爷子说：'我记得徐冰。'"我说："他身体好吧？哪天我去看他。"怪我每天瞎忙，还没去看他，他已经走了。

韦先生遗体告别那天，我犹豫再三，还是没有去。不是因为什么其他的事由，只因为每次提起或想到韦先生，在我脑海中浮现的，一定是韦先生在阅览室翻阅报纸的样子，以及他在 1985 年前后画的几幅画。这是经时间筛选后留下的，这记忆是珍贵的，我不想移开它。

老美院的期刊阅览室很小，5 平方米的样子。两个报刊架，两张桌子，一位出纳老师，一个窗子。窗外有点藤蔓，藤蔓那边可以看到美院大门口进进出出的熟人和生人。下课或课间，我爱去翻看杂志。在那儿最常见到的读书人就是韦先生。这位消瘦的、长相有点怪异的老师，他总是低着头，安静地翻看着报纸、杂志，边上放着一个黄色的旧军包。在我的印象中，不管在哪儿，只要见到韦先生就一定同时看到这个旧军包，包总是瘪瘪的，一把就能抓起来，里面像是没装什么东西。这包和他的关系真有点像是有的孩子到哪都要带着自己的护身物那样。

我接触韦先生的那段时间，算下来，他当时 60 岁出头。之后我不在国内，也就没有机会接触了。常说老人像孩子，那时的韦

《附中的走廊》 韦启美
布面油彩 118cm×140cm
1990 年

先生说话、表情就已经非常像一个孩子，单纯、善意。他翻阅书报的姿势、眼神，起身换书时谨慎的动作，特别像个守规矩的学生。他坐在那儿，周围的空间就安静下来，空气的流动会变慢，一点风都没有。在走动的人中间，他像是不存在，别人也影响不到他。

对韦先生的感觉，今天想起来是一种多么美好的东西——润物细无声，现在到哪儿去找这种感觉？但当时，即使是坐在韦先生的旁边，也是不懂得感受这些的。那时我只知道他是一位漫画家，有时发表漫画作品，他又来翻阅报刊，寻找他的漫画灵感了。我只是佩服这位大画家，这位老师对时政趣闻如此细心和有兴趣，并不懂得这些与他的油画创作、与画室中要解决的问题之间有什么关系。

韦先生是油画系的老师，不直接教我，但常听别的先生说，他是一位如何好的老师。油画系新生入校第一阶段的课，如果是韦先生上的，那是受益一生的。其他系的学生要想感受韦先生的治学和思想，只能通过集体走访老师的方式。我们班就组织过一次。那天访问先生时他讲了些什么，我现在真是一点也想不起来了。记得清楚的，是韦先生慢条斯理谈话的样子。他说话和笑容是合在一起的,嗓音温润谦和得像是喉咙里含着水。还记得的就是，从先生家出来后，同学们一路上兴奋的情景。

整个80年代，新潮美术风起云涌。说真的，那时各式各样的“新”艺术并没给我什么真的触动和启发，而韦先生的几幅不大的油画却让我感到震动。油画还是油画,却透着一种那个时期中国的、北京的,或者是西城区一带的,甚至是从附中走廊里都能感受到的,社会中新的空气。它们是油画，却不是马克西莫夫式的，不是“伤痕美术”苦大仇深的笔触,也不是“大灵魂”那种深刻无比的画面。它们看上去只是与要表现的事情直接对位——一条新的高速公路、电教室里那种特别的光线，或者是一个赶班车人的动作，这是最纯净、最直接的眼睛才能看到的。像是学画刚上手不久的人第一次面对创作，面对新题目的感觉，像那种从区文化馆美术班走出来的年轻人的油画。这种描述我知道并不准确，但我确实不知道该如何描述一位中央美院的油画教授，不露任何技术和风格痕迹的绘画。

这几幅画让我第一次体会到，不以任何风格流派参照，艺术——具体到用色、用笔、构图、画面——与我们生活的时代，与周边的变化，是一种什么关系，“新”应该是什么，新的感觉是怎么来的……

1985年，我在版画系教书期间，为了一幅创作，曾请韦先生来看过稿子。他很有耐心，但并不是很有兴致。没过多久，当我第一次在展览会上看到韦先生的这批耳目一新的画时，我知道了为什么韦先生面对我的那张创作稿时，会是想说又不知该怎么说的样子。算算时间，他看我的画稿时，应该是他正在画那几幅油画的时候。我那时还处在乡土 + 形式构成 + 沉重的古典刻画的混杂之中。对这样一个执着的、求新求变又不得要领的年轻人，他确实不知道该从哪儿说起，这种在熟练的技术里夹杂着观念上幼稚的画，是最难指导的。

韦先生从来就不是一个惊天动地的画家，可作品中总是透出对艺术的从容与明慧，他的这几幅画一定让不少同行和我一样，受到过那种只有从心底才能感受到的震动。我没有参加韦先生的告别仪式，在我的想象里，他还在美院的氛围中，弓着背，安静地翻看着新上架的报刊，想着艺术的事，画着画……

今天，本来是要完成另一篇书稿的，却不由自主地写了这篇东西。算是对韦启美先生这位不一般的普通画家的纪念。

公共汽车木刻的小稿和素描草图。当年请韦启美先生看的就是这批画稿

我们美院

王少军 / 文

人生中总有一些经历会让人难以忘怀，这些经历相对于生命长河来说，可能只是浩沙中的微粒。但那烙蚀般的感受，实在是刻骨铭心。

这种经历开始于 1978 年我考入中央美术学院。对于一个刚刚从十年动乱年代走出，心中揣着艺术梦想的懵懂青年来讲，进入美院无异于梦想成真。

几个“老头儿”

记得那年中央美院雕塑系专业分六个考区，其中北京考区招生 21 名，油画系有 80 人报考，版画系 50 人左右，其他系不详（此数字摘自我当时的日记，不一定准确）。雕塑系招生简章上注明只招收 4 名本科生，而且将插班进入上届班级。各项考试结束后，我们进入了最后一项面试，按考号顺序单独面试。我的考号是 4001，排在了第一个，当时我是既懊悔又紧张。一进门，就看到迎面一排沙发上端坐着几个“老头儿”，都是一个表情：笑眯眯地望着我。我意识到这几个老头儿肯定都是听说过、没见过的雕塑大师。心不仅马上跳到了嗓子眼儿，而且还掉不下来了。他们一定是知道我曾读过舞台美术中等专业，所以上来就问我：为什么要改学雕塑？有没有一辈子做雕塑的决心？我的回答不仅坚定，而且很明确。最后一个问题是：你知道不知道什么是“黑线专政论”？这是那个时期的一个非常严肃的话题。虽然现在已经记不得确切的释义，但当时我是相对正确地答了出来。这几个当时并不都很老的“老头儿”，就是滑田友、王临乙、曾竹韶、刘开渠、傅天仇、司徒杰、钱绍武等雕塑界前辈。以后的几年中，正是他们的谆谆教诲和言传身教，改变了我的人生，确定了我要用一生来跋涉的路。

高干子弟

在那个特殊的年代，美院 78 级的新生有一种得天独厚的优越感。雕塑系 78 级本科生最终录取了五人，其中四个来自北京：彭小佳、李雪丰、从众、张慰先，外地生只有我一个。来到美院一段时间后，他们良好的专业基础逐渐显露出来，让我心生佩服，暗暗

1978 年 10 月，陈伟生老师上人体解剖课时为我画的速写

使劲。五人中我不仅岁数最小，个子也最小，还被选为班长。那时的我们年少顽皮，好开玩笑。不知是他们中的谁知道了我父亲是位省直干部，便调侃地叫我“高干子弟”。一段时间后，我才知道他们每个人不仅都有优越的家庭背景和艺术中专的学习经历，父辈也都有显赫的地位——有国家级博物院副院长和国家某部副部长的，还有被称为“大墙文学之父”的著名作家。之后大家再喊我“高干子弟”时，小巫见大巫的我用愠怒终结了自己的“高干子弟”身份。

我们五位新生插入的上一届还有六位同学，西藏的阿里、郭林新，湖北的陈育村、罗世平、吴桂珍，还有山西的赵新平，他们是最后一批工农兵学员。我们五位新生与师哥师姐之间，恰似两段历史的节点，我们的加入似乎象征着一段特殊历史的结束。在这种差异背后，是我们对失去的光阴和机会的共同追讨和渴求。大家心中都明白这种命运的不公平，更清楚只有靠相互的鼓励和自己的加倍努力，才有可能获得平衡与突破。

1979 年，在校尉胡同 5 号。左起：王少军、阿里、司徒兆光、吴桂珍

人体窃听器

那时，我们都把自己的学习成绩看得比什么都重。当时雕塑系评定学生专业成绩的方法是先让学生们离开教室，先生们再关上门对作业逐一评判。为此大家都有很大的心理压力，特别想更多地知道老师对自己的评价。忘记了是哪个同学想出了“卧底偷听”的办法，因为我个子小，被推举为此行动的最佳人选。老师来教室前，大家先将我藏在一个用桌布盖好的课桌下面，充当人体窃听器，任务是要尽可能多地记住每位老师对每位同学的评议。当时因为先生们看得仔细，评得热烈，窝憋在狭小的课桌下的我，眼前只有来回移动的熟悉的鞋子。耳朵支棱着，大气不敢出，既怕听不清，更怕被发现，直到返回教室的同学像抬雕塑一样把僵硬的我抬出。望着我惨白的小脸和一时无法伸屈的肢体，没有安慰没有问候，都一个劲儿地问着:“老师怎么说我的作业了？”“还有哪位老师说我的了？”当我拼命喘透了气，回忆并转述老师们的评议时,我看到了大家无法掩饰的难过或抑制不住的兴奋。呵呵，这种表情和心境，我在桌子底下就先体验过了。现在想来，那时的我们多么纯真呀，真后悔当时没编点儿谎话吓唬吓唬他们。

还有一次上泥塑人物写生课时，轮到我值班负责按时转动模特儿台，就因为分秒的误差，从众不无恼怒地把转台转回到他刚才画的角度。“还差 30 秒！”从众理直气壮地说。我也据理力争，话赶话地差点动起手来。为此大约有一个月的时间我俩打头碰脸也不过话，尴尬至极。后来，还是从众拿着妈妈送来的美味点心收买了我。回想此事，心中发笑，这仅有的冲突还是因为学习，求知、上进也存在着公平竞争。更可笑的是，一块儿点心居然就把我打倒了。

湘蜀美味

提到好吃的，便想起当年那艰苦生活的情形，至今还让人长吁短叹。那时的校尉胡同 5 号老美院，学生食堂与王府井东风市场内的湘蜀餐厅仅一墙之隔。餐厅的几个排气窗开向美院，飘忽的香气不想闻都由不得你。一到饭点，闻着湘蜀的诱人饭菜香，看着美院的食堂菜谱，巨大的反差让我们胃口全无。同学中常常念叨着一个菜谱顺口溜："素炒白菜、醋溜白菜、豆腐白菜、粉条白菜，左一盘白菜，右一盘白菜……"记得我那些年的伙食费月均 15 元左右，可想再贫困一些的同学又会有多少呢？

天籁之音

我们那时的在校生活远不及今天这样让人眼花缭乱，强烈的求知欲和资源匮乏的反差，更增加了我们对新生事物的敏感。在我的印象中，总能在油画系的计红宇那里听到令人惊奇的新鲜事儿。那时各系间的本科生和研究生交流非常密切，大家统称同学，系别概念很模糊。一天我去油画系学生宿舍串门，还没进屋，突然一种令人难以置信的、闻所未闻的歌声传入我耳中，当时我真的怀疑自己的耳朵，疑惑这是不是人类发出的声音，而且那伴奏的音乐也充满异样的声响。寻声而去，发现这声音来自计红宇那名贵的录音机。计红宇望着我那一脸的惊奇，得意地问："你知道邓丽君吗？"得！从那天起，邓丽君就成了我们的重点话题。计红宇也够哥们，又特意邀我去他家中小住一夜。那一晚，我们如痴如醉地欣赏了他家收藏的海内外现代音乐，哼着唱着摇着晃着……殊不知时过不久，满大街都在劝说大家"路边的野花你不要采"。现代音乐大潮也同现代美术一样席卷了全中国。

电影话题

当年美院学生的业余生活中，看电影是一个重要的组成元素。那时国内电影界还没有出现真正意义的创新突破，而不断引进的国外影片不仅影响着电影行业，在社会上也产生了巨大的反响。日本影片《追捕》在国内放映的盛况和产生的效果，至今仍让经过那个年代的人记忆犹新。杜丘的人格和形象，不知影响了多少当时的中国男性，而杜丘的冷峻和柔情，又让多少女性膜拜为偶像。要是那时有“fans”之说，恐怕高仓健会红透整片天。以我的感觉，人们不自觉地都从潜意识里开始想改变自己的形象，甚至在外形上也模仿杜丘的板寸和立着领子的黑风衣。当时的北京长城风衣，是最时髦的男性服装。我和学弟尚晓风在看完日本影片《远山的呼唤》后，一肚子感慨变成每日见面时的口头语：“武志！”（该片中一位小主人公的名字）后来，十几年未曾谋面的尚晓风变成了一位澳大利亚人，天各一方的我们相见时，一句“武志”叫得我顿时如鲠在喉、思绪万千……

化装舞会

美院有一个传统一直在延续，这便是每年元旦的文艺联欢。据说在这一传统中，前辈里涌现出许多著名的表演人才。他们炉火纯青的表演才华，早已在美院的校史中传为佳话。我入学后的第一个元旦，全院联欢的形式是化装舞会，各系都紧锣密鼓地准备，节目却秘而不宣。等到开场，才发现每张被修饰过的脸和千奇百怪的着装，亦真亦假、千姿百态，爆笑到直不起腰来！就连平日熟悉至极的人还要面对面地指问：你是谁？

藏族同学阿里反串的是朝鲜族阿玛尼，让许多男生抢着搂着

1979 年元旦化装舞会上。左图左起：王少军、李雪丰、阿里。右图前排左起：吴桂珍、从众、王少军、郭林新、张慰先、阿里、罗世平；后排左起：赵新平、陈育村、李雪丰

跳到跳不动。李雪丰扮成“文革”时的红卫兵小将，不停地变换位置，一本正经地手持“红宝书”于胸前，现在想来，整个一行为艺术。我脚上反穿一双大号破皮鞋、身穿大号背带工装裤，找了个黑丝袜充当蝴蝶结，沾一撮小黑胡，头顶礼帽，模仿喜剧大师卓别林。随着音乐，自由发挥，满场“飞”到忘我。我的模仿秀着实让大家惊奇了一把，后经学生会评议，居然还获了个一等奖（现在院里元旦联欢，一旦找我，都会欣然应允，恐怕这也是那时落下的“后遗症”吧）。版画系的马刚化成日本鬼子，举着东洋刀，满口叽里咕噜地听不懂，那张扭曲的脸看得让人心生畏惧。油画系两个男生表演了《新郎娶亲》情景剧，在一片爆笑中结束时，红盖头下露出了新娘子王生琏那张无法形容的脸，众人不禁惊叹：太丑了！

师恩如山

与同窗好友们每每回忆往事，总会不约而同地回想起教育我们的每位先生。他们用最朴实无华的言行，精准无误地传授给我们从艺做人的道理。翻看当年的日记，先生们当年的教诲历历在目。

难忘王临乙和司徒兆光先生，总是不厌其烦地耐心指导我存在的问题，一点小小的进步也会被不失时机地细心加以鼓励。对学生的个性化探索，临乙先生更是倍加呵护。看到我的一件创作放在室外已有些破损，他还特意叮嘱我："要想法把作品保存好，如果没地方放，可以先放到我的工作室去。"

当年的解剖课教师陈伟生先生，他的敬业精神至今让我难以忘怀。一次人体解剖课上，陈先生捋起衣袖向学生展示手臂肌肉组织时，露出了布满红蓝粉笔线条的胳臂，陈先生红着脸喃喃道："哦！这是上次画的，我忘了擦。"让在场的所有学生忍俊不禁。后来听说那段时间，陈先生是克服了家庭的许多困难坚持来给我们上课的。教具中有一副马骨骼，是陈先生在非常年代下放农村期间，偶遇死亡马匹，特别留心为美院制成的。陈先生平实无华的行为，蕴含着令人肃然起敬的职业精神和师者尊严。

1980 年在山西大同云冈石窟考察。左起：司徒兆光、阿里、陈育村、从众、罗世平、彭小佳、吴惠中、张慰先、吴桂珍、王少军

司徒杰先生为我们介绍潮州木雕艺术，我们才了解到司徒先生为了保护和传承中国传统雕刻艺术，付出了持久的坚持和超出想象的努力。至今完好保存在雕塑系的潮州民间木雕，无一不为绝世珍品。

早年留学西洋的曾竹韶先生，奔走呼吁筹建中国古代雕刻博物馆。提案、报告写过无数，我与曾老的接触中他常常提及此心事，可见先生对于中国传统艺术研究和发扬的良苦用心。如今，百岁老人对此仍念念不忘、惦记在心。真不知道竹韶老这个极富重要价值和意义的设想，何时才能实现！

刘士铭先生在我的眼里，更像是一位在世罗汉。先生的身世和艺术，令我至今仍在揣摩和思索。当年第一次接触刘先生，感觉像是结识了一位憨厚、纯朴的长者。他那毫无修饰，甚至寒酸的穿着，还有那毫无流行元素的言谈，似乎很容易被人误解和忽略。

1981年在校尉胡同5号，美院雕塑系教室。左起：张慰先、彭小佳、王少军、曹春生、从众、李雪丰（前排坐者）

然而，直至今天，我总是能够在刘先生这里发现新的成分。这是掺杂在些许通俗、些许朴素、些许温情和幽默之中的高贵和超然。在刘士铭先生身上，我感受到一种令人伤感而又怦然心动的美，这是一种极高境界的美。我曾为刘先生做了一尊肖像，先生收下了，当见到我时，先生一句话差点让我潸然泪下："你把我做漂亮了！"

傅天仇先生是一位富有神秘色彩的老师。记得与傅先生不期而遇时，先生常会没头没脑地向你发问，多为艺术上的问题，有时也看到傅先生似乎在自言自语。我们常常在下班时间看到傅先生来系里办公，而人们来上班时，他又悄无声息地出了校门。据传，有一次傅先生给学生做讲座，开场白就说："我今天要把做雕塑的秘诀告诉你们。"直到讲座结束，先生也未提及秘诀。学生忍不住追问，天仇先生沉吟片刻，表情严肃地说："看准了，再做！"

光阴荏苒。如今，我也由一个不谙世事的毛头小伙子，脱胎

1981年1月，雕塑系76级毕业生与教师及同学合影留念。左起第一排：居志坚、傅天仇、曾竹韶、王临乙、司徒兆光、曹春生；左起第二排：陈育村、李雪丰、王少军、彭小佳、赵新平、郭林新、阿里、罗世平、张慰先、吴桂珍

成授业解惑的央美教师。前辈先生们的逸闻趣事，在我身上也已经发生和正在发生着。从学生到教授 、从垂髫到鬓衰，我也成了学生眼中的“小老头”。学在美院、混在美院，终日浸淫在美院，却永远也读不懂美院，永远也读不完美院。从美院走出去的人千千万万，美院人遍布万水千山，却无时不刻不魂绕梦牵。美院的尊严不是囿于敬语和屈膝的客套，而是至高无上的人文关怀。那是可以无限舒张的思，是可以尽情飞翔的身。或许，有一天我会突然明白 ：美院没有神，但一定有魂！

前排左起：傅天仇、曾竹韶、刘开渠、王临乙、王合内、陈桂伦、吴惠中；二排左起：钱绍武、刘小岑、冯宜贵、刘炜、盛杨、郝津平、孙家钵、曹春生；后排左起：司徒兆光、董祖怡、郭正忠、赵成民、张大生、唐锐鹤、刘骥林、严世骏

雕塑系教授王临乙、王合内带领 78 级学生到北京动物园写生。左起：彭小佳、张慰先、王临乙、王合内、司徒兆光、李雪丰、王少军

2005 年王少军与同学李雪丰（左一）看望曾竹韶先生

1997 年，中国美术馆“中国当代艺术展”上，王少军与导师王临乙先生、王合内先生

美院与我

方振宁 / 文

美院基因

我从美院毕业已经 35 年了。50 年代，我出生在南京军区的大院，记得是鼓楼成贤街附近，所以我的小名叫“兵兵”，与军人有关。我的名字最后一个字“宁”，是南京的简称。2013 年的某一天，我在美院美术馆看到收藏展中有四幅很大的方以智的绘画，让我大吃一惊，这是我第一次看见先祖方以智的原作，一看就是徐悲鸿老院长在世时的功德，这也让我从这个角度感受到我和美院有着意外的渊源。

为什么爱叫美院?

我和我的同学们都习惯把母校称为“美院”，而不是“央美”，这能分别出我们是在哪个时间段进入美院上学的。我是 1978 年，“文革”之后第一批入学版画系的学生，这一届学生的成绩是有目共睹的。为什么美院学版画的毕业生对社会的贡献显著？这一直是个话题，也没有人能说清楚。

20 世纪 80 年代末我去了日本，在那儿生活了 11 年之后，我把工作和生活的基地又移到北京，选择北京的理由有两点：一是我离开北京之前，在一个单位工作了 5 年——这是我在一个地方工作最长的时间——那就是故宫博物院；二是，北京有我的母校中央美术学院，是我人生转折的地方。现在的北京仍然有许多可以去的地方，可是我去得最多的还是美院，我不知道还有什么地方让我感觉比美院更亲切。

现在在母校的教学是我和美院维系关系的方式，可这还是我的选择，我好像没有勇气去选择别的地方，因为在这里发生过许许多多与学习、青春、成长、梦想、失落、事业、学问、义务、教育等等有关的经历和片段，所以，隔断或疏远和美院的关系是不可能的，这就是我和美院错综复杂的情感经历。

人生的转折点

1978 年入学之前，我在黑龙江的一个小地方已经生活了整整 20 年。1958 年，我随父亲从原南京军区转业到北大荒参加农垦开发，就在寒冷的黑龙江东北角的宝清县 853 农场。由于父亲在部队从事文艺工作，到了北大荒之后还继续他的版画创作，成为现在已经颇有名气的北大荒版画的创始人之一。他的作品和观察方法对我的童年和青少年时代的成长有着深刻的影响，我就是看

方振宁父亲方元 1960 年创作的版画《林海新城》

着他刻木刻和拍照冲胶卷长大的。那时我认为美院附中就已经是高不可攀的地方，更不用说中央美术学院了。21 岁时，来到北京的农业展览馆，代表黑龙江参加农业机械设计展，遇到一位指点我的贵人，她鼓励我报考美院，才让我有了勇气去争取接触美院的机会。

像我这样从小长在北方乡下的孩子，没有城市生活的经验，到了北京之后一切从头开始。真正的变化，还是从美院给我们成长为一位艺术家必要的学习课程开始的，这是没有经过美院 4 年教育的人无法体会的。美院教学体系最核心的内容，就是进行基础训练和积累基础的艺术知识。在美院从事教育的老师大都是基础课的老师，他们的耕耘使得很多人日后成为艺术家。

1977 年，到北京的农业展览馆筹办全国农业机械化展览，萌发了考美院的想法

版画作为观察方法的训练

版画最基础的训练就是“整体观察”和“独立思考”。通过什么来完成整体观察的训练？就是通过素描和速写的结合；那么什么是独立思考？就是不被流行所左右，不盲目追随名家和大师的风格，在艺术上绝对回避雷同和相似，通过大量的练习和思索来完成对知觉边界的探索。我记得老师对我们说过，如果你不能进行独立思考，那就等于没有毕业。这句话成为我日后的座右铭。

为什么版画专业的学生中出了不少人才？我觉得，主要是版画这个画种本身在表现和技法上都受到某些限制，与那些强调造型写实的画种相比，版画并非追求形象的相似，而是从提炼的角度捕捉对象。现在想来，正是版画给我的训练，让我有了提炼和抽象具体对象的能力，不只是体现在绘画上，也包括对人的整体认知能力的提高。

美院毕业之后，我做过编辑、美工，1988 年去日本之后作为独立艺术家活动，还给一些杂志做撰稿人，在网上做数字广播……这些都得益于学生时代打下的基础。

难忘的美术史第一课

我们这些本科生大都仰慕研究生，对他们的学习方法和品味都感到好奇。记得大一时我在图书馆看到有研究生在临摹中国古代青铜器，有些不理解，为什么他们对这种工艺品感兴趣？1979 年，故宫博物院举办了中山王国文物展。我凭借大一学生仅有的一点中国美术史知识，去努力欣赏这个展览中的文物。整个展览给我的印象是朦胧的，但对当时出土的青铜器、玉器和文字印象非常深刻，这个展览的小册子至今我还保留着。

大一时，根据课程安排我们先上西方美术史，然后再开中国美术史，可是由于临时调整，把中国美术史开在了前面。听到这个消息我心里很是不爽，因为我看不上中国画，更不懂中国美术史上那些“陈旧”的作品，当时我心里伟大的艺术都是西方的油画和雕刻，这就是 1978 年的我对艺术的认识，是不是很可笑？可我就是这样一个从艺术的低谷走出来的孩子，这也是今天我热衷于教育的原因。直到今天我还记得汤池老师给我们上的第一堂中国美术史，从史前文化开始讲起。他放了一张出土的猫头鹰的雕刻，只是一个圆形的头部，有眼睛和嘴，我看了之后感到非常吃惊，怎么几千年前的人会雕刻出这么单纯现代的动物雕刻？这就是打开我眼界的第一堂课。还有薄松年老师给我们讲的中国绘画史。当时有一篇中期论文需要写，我选择了宋徽宗的《瑞鹤图》，我对这张画完美的形式和表现做了描述，其实这时候我已经迷上了中国画。这些课程对日后我理解中国绘画起到了明灯一样的作用。

下乡是本教科书

每学期都要下乡实习、写生和体验生活，获得创作灵感。大一的时候我们去河北农村，在那里写生，吃派饭，看到农村老百姓生活的真实状况，同时也了解到农村的一些社会问题。第二次下乡居然去了我上学之前生活了 20 年的地方，北大荒的 853 农场。带我们实习的宋源文老师回到北京之后，创作了几幅北大荒题材的版画，他的版画和当时的北大荒版画风格完全不同，除了有强烈的形式感之外，我还能感受到黑白对比的木刻刀法以及浓厚的浪漫主义情调。当时与我们一同下乡的还有周建夫老师，但我真

1980 年，在河北写生

正认识到周老师的艺术功底却是在将近四十年之后，这是一个多么漫长的时间！去年，我在美院的美术馆看到美院教师作品收藏展，其中有两幅周老师的人物头像素描。我对他在绘画上的表现力彻底折服。可是我们在上学期间从来没有看过周老师以前的习作，现在我才知道，为什么他送给我他主编的《黑白木刻集》，里面选择的作品今天看来还是那样经典，这就是教我们基础课的老师的功底。

随着年级的增长，我们下乡看的东西和去的地方都有所不同。二年级我们去了大西北，沿途参观各个省市重要的博物馆和考古遗迹，那次接触到的大量文物至今仍是我们学艺术的教科书。这样的下乡真是一举两得，直到三年级去甘肃、青海和四川等地时，我还在鼓动同学增加看博物馆的时间比例，后来听说，系里的老师对我在班里“煽动”画写生不如多看博物馆的说法颇有不满。

1982 年，方振宁在毕业创作《藏女图》组画前

从此成为“博物馆控”

从一个对中国传统艺术极端蔑视的学生，变成了一个“博物馆控”，完全应该感谢美院的中国美术史教育课程。这个“博物馆控”的能迷到什么程度？我除了在上课期间没有时间去博物馆之外，当时博物馆所有有关中国文物和外国文物的展我都会去看，而且看得非常仔细，同时要做资料卡片。当时的彩色幻灯片比较贵，但我还是积累了许多资料。我从文物中看到造型和文学的关系，造型和民间创造者的关系等等，收获极大。

80 年代末，我在日本横滨和东京的周边地区，凡是有中国文物的展我一定去看，而且还为《艺术家》杂志撰写长篇评论文章，这些文章除了介绍展览之外，还采访随展来到日本的中国文物专家。除此之外，到欧洲也是以看博物馆为主，如果遇到海外收藏

1987 年，和校友李老十、赵立忠、张邦兴等友人在北京住所

的中国文物展更是我必须看的选项。中国文物除了可以不断增长我有限的知识之外，它对我来说是养眼也是教养。

来自方家模的推荐

方家模是我入学不久遇到的从美国来的华裔留学生，他会中文，而且和我是同姓，所以我们来往比较多。他当时用两本画册开导我，一本是怀斯的，另一本是埃舍尔的，这两位艺术家都是我当时不知道的人。起初我对怀斯画中那种青涩和荒凉，以及从未见过的画面构图感到振奋，对于我这个比较讲究画面构图的人来说，怀斯的绘画，特别是他的构图对我的影响很深，从我毕业创作的西藏黑白版画系列中可以看到这种影响。

而另一位艺术家埃舍尔的作品则让我有些困惑，此前我从来没有看见过错视觉绘画。不过那时候我只是对埃舍尔的绘画构图有兴趣，作品中更深层次的含义和观点，是在我毕业许多年之后才领悟到的，他对我的影响要比怀斯更为深远。埃舍尔的绘画是一种方法论，其中有对日后的观念艺术产生影响的元素，他不只是影响了艺术家，还影响了建筑师，这些基础知识对于我日后所做的建筑评论是一种预热。

美院教书十年

我在海外 11 年，安静地生活和工作在没有人事烦恼的环境里，可以专心致志地学到很多东西，可是这些东西有什么用场吗？

出国之前，我曾在美院附中上过一周的课程，学生反应不错，

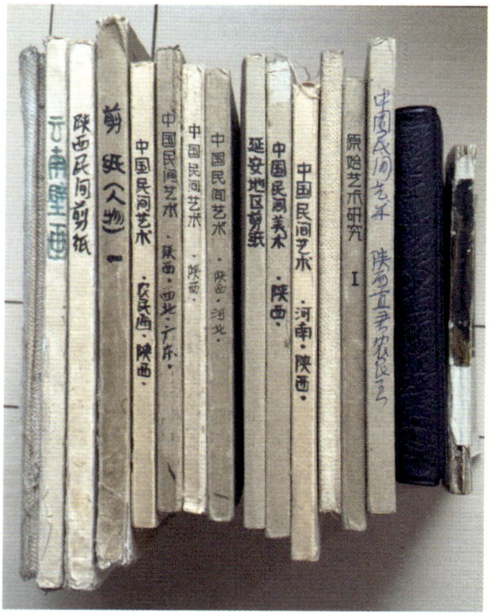

上学期间的部分艺术笔记

研究敦煌壁画的笔记

我也觉得自己很适合教育这个工作，但是最终由于复杂的人事原因没有留下，我还是回到故宫博物院继续我的编辑工作。2008 年，现在的美院建筑学院院长吕品晶老师一个电话召唤，我回到美院以客座的身份教书，到现在已经第十个年头。这一声召唤开启了我的教学人生。我想用我的经历告诉同学们，需要用行走感知未知的世界，而不是停留在书本里和课堂上。

最后我想用一句话来结束这篇回忆录：无论你生活的世界多么纷繁，文化和艺术是永远的泰山。

2017 年 5 月 28 日于北京

对中央美院附中的回忆

倪军 / 文

温故的目的无疑在于知新。否则被主编章燕紫女士要求用稿纸手写就成本太大了。在电脑和微信时代我连个电子邮件都懒得去看，又何故装模作样在数学作业纸上写过去的如烟尘埃呢？当然，往事常常被我们谈论着，并不真的像我们在公开场合假装出来的样子。人类喜欢怀旧，喜欢在过去的温暖日子或并不暖融融的日子抱团取暖，这是人类和大猩猩、狮子、老虎的区别之一。

使用了智能手机后我们感慨：人是待机时间很短、版本偏低的被造物，如果版本太高了，人可能也就玩完了。不过，要那么高干嘛？学艺术的人总听到一句话：还没学会走，就想跑？那是不行的！中央美术学院附中在历史中，在全球文化视野里也是个低版本的东西，之所以依然存在就是因为低版本的建制尚有积极意义。

传奇校长丁井文先生以前是毛主席的贴身卫士，后来从中央美术学院人事处处长（当时叫科长）的职位调任，访问苏联后回来，一手创建了中央美院附中，而苏联的学校建制又是模仿的佛罗伦萨美术学院。历史地讲，中央美术学院附中以及中央美术学院照搬苏联建制是小概念，而照搬意大利和法国建制是大概念。徐悲鸿先生晚期基础教学灵魂的一半让位给了苏派，又让了一大块给庞薰琹先生的巴黎高等装饰艺术学院建制，这样一来中央美术学院的法式审美只得由吴作人先生、董希文先生扛鼎，其余由从苏联陆续回来的青年教师补充并陆续占了上风。董先生是留学越南的，因为越南是法属殖民地，当时盛行地中海风情的欧洲油画风格。董先生聪明绝顶，悟力超强，接受了一些南法阳光画风回来后迅速运用到所谓的异域风情写生中，而且立幡开派，有了中国范式。吴先生的情绪则掉进比利时、法国沙龙的速写画班聚会中，因为素描速写中的乐趣是让人成瘾的。吴先生的色彩与用笔都得马奈之魂，苍劲而有腕力，润滑而不俗气，他的齐白石肖像比齐璜本人还显得有文化，秉承的就是吴作人自己对欧洲大陆心脏地带绘画的理解与运用。

中央美术学院的这一条“文革”前的主线也影响了之后附中的教学。1979 年 9 月，“文革”后恢复招生的中央美术学院附中就在这种追慕欧洲情怀的背景下开始上课了。结果呢，常常发生教学冲突，学生与老师对着干，学生的信息量大过老师，有几个学生的“功夫”甚至超过老师。一帮十六七岁的孩子，家学深厚，见识不少，还有几个直通洋文洋话，除了杜键先生、“女魔头”王德娟先生这样的传奇教员孩子们还是服的，土生土长又经过“文革”十年荒废的三十多岁的教员如何对付得了这帮不知天高地厚的“小屁孩”呢？很多教师压不住一帮年少轻狂的孩子的气焰。

不服，那就只能拿出尚方宝剑，使用撒手锏——速写。在人类学习绘画的历史上，大概没有哪个学校或者哪种训练模式有过如此大规模的，极深、极广、极远、极厚的画速写运动，几乎是一种强制性甚至是惩罚性的学习要求。附中的书法课有点类似，但也不如速写课这样残酷无情。

我说过了，人类是个低版本的被造物。要玩好一个东西还不能靠软件植入，只能靠“练”，凡事一旦多练就能掌握个八九不离十。今天活跃在中国美术界的艺术家，手头的迅速捕捉能力在全世界绝对胜出，全有赖对速写这一神器的迷信与不离不弃。爱情到了一定阶段就是迷信，艺术亦然。说西方谁和谁的游戏设计、舞台美术很厉害，仔细看看也不过是速写好一点儿罢了。美院大学部的人速写不如附中，这是历史定论，没人敢争辩。为什么？就因为小孩子悟性强，脚步快，兴趣单一，到了大学天天心里想着谈恋爱嗅姑娘，画出来的速写就都没有质朴迷人的感觉了。

侯一民先生是位绘画高手。我从美国回北京后，侯一民先生给我看过他在朝鲜画的速写。侯先生不光画过工农兵与毛主席，也画了不少战场上的美国俘虏与美国坦克。侯先生是个马克思主义者，如果我说杜键先生是“原教旨马克思主义者”，杜先生完全接受的话，那我说侯先生是“坚定的毛泽东式马克思主义者”，他应该也会没有意见。后来鲍蓓带我去门头沟拜访侯先生，侯先生

2017 年，拜访侯一民先生（摄影：鲍蓓）
左图：在侯一民先生个人美术馆，与侯先生看他的旧作——朝鲜战场上的美国士兵速写
右图：听侯一民先生谈话

拉我坐在他身边:"倪军你过来……"他是如此地虔敬、认真与坚定。

因为思想活跃，欧美的现代艺术以及还没有具体叫法的当代艺术涌入附中，丁井文、赵允安以及全体教职工为此展开了类似"救救孩子们"的行动。靳尚谊先生那时是主管教学的美院副院长，也分管附中，几次到附中看作业展、期末展及时亮出他的观点，我们前呼后拥地听着。当时学校还曾专门请老师到我们班批判"达达主义"，我们本来不知道达达主义有这么腐朽，结果一听讲座也就全知道了。附中领导还请了音乐学院的教师来批判靡靡之音,现场给我们哼唱了"桃花江上美人多,桃花千万朵",还有《夜上海》、黎锦晖的那些作品等等，结果我们才知道，世上还有如此好听的中国歌曲……

附中国画课，李可染先生来不了，就请何海霞先生到场，使笔用墨，点水涂色表演一番。书法课，丁校长很多人都看不上，担心把孩子们的第一印象搞坏了，特意请了老先生桑介吾教我们。他要求我们临写颜真卿的《东方朔画赞》，要求写大号的字，柳公权、欧阳询、二王的小楷都不许写。马刚坐在我身后的座位，下课没写完也不着急去食堂，这就是写进去了。我敢说没有一个同学不深深受益于桑先生的书法课。近四十年过去了，马刚坚持写了下来，现在作为附中校长也特别重视附中的书法教学。虽然我没有好好练，但也时常写汉隶《西狭颂》什么的……书法是独步宇宙的中国审美，书法结构也是抽象造型、几何结构的绝妙软件，书法让每个热爱汉字的人(包括外国人)都自带形而上的审美基因。桑介吾先生永远被我们怀念。上附中前，这帮全国各地的孩子们都因为家学或者当地的学习开蒙写过毛笔字，但桑先生的书法课才是艺术学习，是与素描色彩课同样重要的正规美术院校的课程。

中央美术学院附中的领导尽管担心孩子们受欧美资产阶级三观和艺术思潮的“毒害”，但在外语教学上又相当具有前瞻性。我们的英文老师易家球，是歌唱家楼乾贵先生的夫人。她大概是上海大户人家的大小姐，贵气优雅，仪态万方，与女画家王德娟老师风格完全不同。王老师是上海圣玛丽女校毕业的传统中国女性，易老师则自带西洋韵味。楼乾贵易家球夫妇时常在校园里双双露面，都是老天津老上海的文化人派头，对这些孩子们视如己出。有一天易老师在英文课上情绪激动，几乎令我们全体同学失声痛哭。她说“文革”时因为写英文“毛主席万岁”时拼错了一个字母，被批斗她的红卫兵学生们逼着在农村田埂上站了21天！我没有记错，21天！她活了下来，没有选择自我了断。我们听易老师讲完，全体鸦雀无声，只得由她自己又说了几句话下课散去了。今天想想，这是易老师相信我们，她当时泪流满面，让自己释放宣泄了出来。

后来，不知因为什么，学校又请了中央美院大学部的英文教员索维奇先生到我们班上英文课。索维奇已经没剩多少头发，略有驼背，慢条斯理地说话，也慢条斯理地讲英文。至今我们仍津津乐道他的话：“华盛顿、拿破仑——你看人家译得多好！”索先生的意思是译成中文就要像中文，不能有翻译腔，比如《块肉余生记》（即《大卫·科波菲尔》，《块肉余生记》为清末翻译家林纾所译。——编者注）。他还讲到“费城”（Philadelphia）这个英文地名怎么记呢？——一个苍蝇，你抓着了结果又飞了就是“飞了逮了飞了”……索先生厉害呀，他完全不让我们学课本，给我们上课直接讲尼克松访华时的祝酒词，那一堂课就将你领入英文的殿堂，让你豁然开朗。

美院附中“文革”后的第一班都是这么过来的（看文化部内部电影就不说了，那是另外一种营养式传奇教学）。在特殊的复苏时期，一个特殊的传奇学校打造了39个不到20岁的孩子。肖鲁随下一班毕业，故而我们1983年毕业时共38人。全体教职工与我们在校园影壁东侧照相存档，仿佛经过十余年的混乱生活，这个学校又可以继续生产社会产品了，教职员工心里带着生产者与管理者由衷的自豪与喜悦。

人是低版本的动物，还剩那么一点儿学习技能和体悟道法的能力，故而还有艺术；人的待机时间短暂，智能水平堪忧，故而尚有真情流淌、相互思念的需要和能力。人笨笨的样子可能是造人者故意这么设计的，否则不知道怀旧不懂得纪念，那可是一点儿意思也没有了。丁井文先生，这位汉子的故事是说不尽写不完的。前些年我被大家推举在他的墓地朗读他的碑文，我未读错一个字。我今天的工作态度与对艺术的热忱和理解，都对得起他老人家的苦苦用心。他有一年要自费去看卢浮宫，他站在台基厂的公安局签证处排队等叫号，我回头一望看见是校长，差点泪如泉涌……

1983年，我是本该升入大学本部的，却成为被刷下来的7个人之一。“罪名”是“专业思想不稳定”，今天想想这个词儿真是太“性感”了。工作一年后仍不许报考大学，两年后才可以考。杜键先生点拨我去国画系，说卢沉先生有意要你去以西画的扎实功底参与国画的革新。我没有去中央美院，还造成当时一个小说法，说国画系全国第一名（我七门专业课考了653分，后来是张爽排名第一）都不来！卢沉先生不干，给我写了亲笔信，说你今年哪儿都不要去，明年我直接录取你为我的研究生。这封信我是在西单民丰胡同31号收到的，后来一直存放在天津老家。卢先生辞世时我大概在国外，今天，我要为他送上我一直以来的感恩与热烈的拥抱。读了加长版的一部《丁井文传》才知道，年青时的卢沉受到丁井文同样的破格待遇。卢先生当年对我的决定也是因为重视才学而敢于回馈于他的知音贵人吧！

后来我被袁运甫先生收入麾下。由于袁先生的铁腕作风，我的生命得到了转机，我至今仍感到幸运，当然也是与袁运甫先生分不开的……

2017 年 8 月 30 日于幸福村

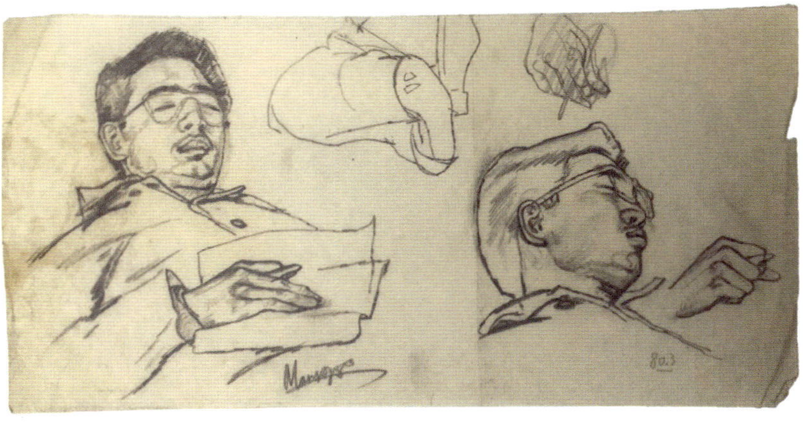

学生时代的速写

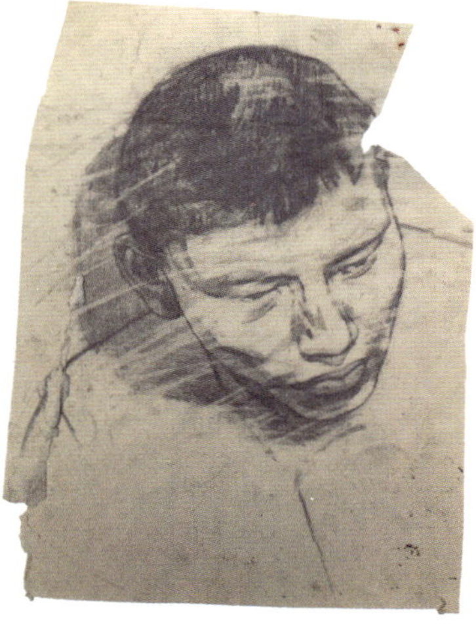

无知的意淫岁月

肖鲁 / 文

回忆，就如同一张泛了黄的旧照片。老眼昏花时，模糊不清的视线，带着忧伤和美好，时而露出微笑，时而咽下眼泪。

我是 1979 年上的中央美术学院附中，校园位于中国美术馆东侧一座灰色的四层高的楼。那是“文革”后恢复招生的第一级，来自全国各地的学生都是百里挑一的，一个个可牛了！记得刚一进学校，就听说我们附中的丁井文校长曾是毛主席的警卫员。那年头，能跟毛主席那么近的人，心目中的形象自然高大而神秘起来。还听说，是丁校长请毛主席给中央美术学院附中题字，后来中央美院把“附中”两字去掉了。这不，美院还是借了附中的光。

1979 年入学附中时的照片

那一年共招生 39 名，女生占 10 个名额。记得入学的第一天，我和另一位从上海来的女生一起走进二楼的女生宿舍，迎面走来一位个子高高，一口纯正京腔的女同学："我是那东燕，你们是从上海来的吗？告诉你们，我最讨厌上海人了，心眼儿忒多。"哪有这么欢迎新同学的？我一下子蒙了。但慢慢地，我却喜欢上这个那东燕的直截了当，而且还成了好朋友。

上附中的时候大约十六七岁，青春期的敏感，被管制在一个几乎封闭的时间和空间里。这是附中的作息时间表：

6:00 起床
6:10 晨练
7:00 ~ 7:30 早自习
7:30 早餐
8:00 ~ 12:00 业务课
12:00 中餐
13:30 ~ 17:30 文化课
18:00 晚餐
19:30 ~ 21:30 晚自习
22:00 熄灯

从这个作息可以看出来，白天可以由自己支配的时间很少。上下课的节奏被排得满满的。晚上十点钟熄灯后，一天中最有聊的时刻到了。女生宿舍里叽叽喳喳又窃窃私语的，经常为了孩子是怎么生出来的，还有男人和女人那点儿搞不清的事儿，争得晕头转向。

现在年轻人很难想象那个年代的无知和单纯。偶尔的局部开放，大家的反应也是现在难以想象的。1979 年的北京王府井，在一家电影院里，每个周末，文化部直属的八大艺术学院竟然能看到一部部没有任何删减的国外原版片。当时我们拿到的电影票总是在楼上最后几排，可见美院在八大学院中的位置。《法国中尉的女人》《查特莱夫人的情人》……都是在那时看的。电影中的性爱镜头，刺激着情窦初开的情愫。有一次电影结束回到学校，一个男生大叫起来："外国电影里可以公开耍流氓！"青春期压抑的变态，至今还深埋在我的潜意识里。

一年后，看内部片的特权不知什么原因被取消。看不了内部片，只能看公开放映的电影，最让我难忘的是《佐罗》和《少林寺》这两部。记得《佐罗》看的是夜场，我们几个女生晚自习没结束就出校门了，可电影看完学校的大门已经关了。可能是《佐罗》电影里的镜头还在刺激着我们的神经，二话没说，几个女生就爬院墙上去了。就在我们从墙头跳下来的那一刻，被黑暗中的王应芳老师抓了个正着，我们还为此挨了处分。看《少林寺》就更离奇了，记得就因为这部电影，附中的一帮女生还跑去练武功了。那时候美术馆东侧花园里有一批练武之人，我们到了那儿就说要拜师学武。师傅问起缘由，我们说"因为看了《少林寺》！"就因为这么简单的冲动，每天我一大早起来就跑到对面的花园里，站桩，吊带，还学过通背拳和女子防身术。

记忆里附中的男女生是不说话的。这是一幕最常见的情景：男生和女生面对面走来，就在见面的一刹那，两边头一低，像见了鬼一样地擦肩而过。青春期的压抑，是因为对性的恐惧，还是对性的无知?

记得我跟男生走得最近的一次，是刚入学不久，附中的六个女生和六个男生结伴去了一趟长城。那是一个下雪的冬天，大家玩得真是太嗨了，直到最后一班回城的汽车要开了，大家还在磨磨蹭蹭地不肯走。

“我们在长城上过夜吧！”不知是谁在提议。

“太好了！”许多人呼应着。

“这么冷的天气，晚上怎么办？”有人问道。

“我们可以点篝火取暖，那有多浪漫！”

大家你一言我一语，寻找各种理由，只想把那莫名其妙的兴奋再延长下去。还是班长周彬比较坚决，“必须得回去，你们不走，我走！明天还要上课呢！”

“上课有什么意思，明天还早呢。”

“你们发疯了！”周彬不顾大家的反对，一个人独自往长城脚下走去。同学们你看看我，我看看你，极不情愿地，拖着脚跟走下长城。

也许是无法言说的兴奋，从长城回来的第二天，这批同学在班上又凑在一起。他们掩饰不住地聊起昨天玩的情景，可这一切成了其他男生眼中极不舒服的事情。

“你们看到没有，他们在干什么哦？”

“哈哈！给他们一大哄喔！”

刹那间，这批男生和女生背过脸去，停止了对话。万万没有想到，这一次去长城的远游，成了我在附中与男生在一起的唯一记忆。在以后的四年里，奇怪地，附中男女生互相都不说话了。

肖鲁 1983 年与 79 级毕业班女生的合影。左起：滕菲、祖天丽、张月妹、田秀丽（教务处老师）、李辰、陈淑霞、陈晓荭、肖鲁、安廖葭、韦蓉、那东燕

在一个“乱搞男女关系”被社会耻笑的年代，男女不说话或许是一种下意识的自我保护，但也更加刺激了对“乱搞”的胡思乱想。

附中期间我休过一年的学，所以和 79 级和 80 级都同学过。80 级的女生原先有 4 名，女生宿舍是一间长条的房间，有路青、喻红、吕越、王艺勤，后来加上我。路青当时就住在我下铺，记得她一有空闲，总是对着窗前那个小圆镜子看。那时候还不太懂化妆，可见到路青在她那张脸上抹一些我不知道的东西，就是好看。她化了擦，擦了又化，就像在脸上画美人像。我经常在上铺默默地看着她好长时间，有时会情不自禁地冒出一句：“路青，你真好看！”每当这时，她就会转过脸来问我：“真的吗？我好看吗？”那时候，女孩子不怎么化妆，路青的行为就像一束耀眼的光芒，留存在我附中美好的记忆里。

“文革”后被保存下来的附中图书馆藏书，在入学后毫无保留地对外开放了。早晚自习，看课外书籍占据了我大部分时间，当时主要是看西方一些哲学书和世界名著的再版。还记得看《约翰・克利斯朵夫》《邓肯传》《安娜・卡列尼娜》时的兴奋，熄灯后还放不下，到床上打着手电筒钻进被窝里看。说实在，那些哲学书，我不知甚解地读着，真正看懂多少难说。反正当时的文化课教室里，大家的课桌上都高高低低叠放着不同的书，似乎书的高度显示每个人知识的高度。看到谁桌面上有一本没见过的书，就想尽办法借或者去买。在集体辩论中，如果谁能引用一段哲学家的术语，就显得特有底气。80 年代年轻人对知识的追求和炫耀，是那个年代的时尚。它潜移默化地影响着我们对校园外面世界的渴望，尤其是对西方世界的向往。

聊了那么多在附中学习艺术之外的事儿，是不是觉得我不务正业？可正是这些经历，刺激着我青春期发育不良的躯体和思维错乱的神经，它潜在地影响着我的生命与艺术轨迹。年轻时的失落与茫然，让我不知不觉地走向自己当时还不太清楚的当代艺术，26 岁的我就像一个复仇女神，冲动地拿起了枪，在一个历史转折的激流中被托起又淹没。

常听人说人是有宿命的，我命中发生的事情常常与我的本意相违。在这个大时代中，个人是非常渺小的。也许是遗传了母亲山东人的倔强基因，每到关键时刻，性格中的不妥协，总是让我在社会中活得更加艰难，但是坚守着自己的意志，是我唯一能做到的。生活和艺术搅拌中，我度过五十多个风风雨雨的春秋，已经快到不惑之年，却还在疑惑这世间的阴阳与黑白。每当回忆起自己在附中的日子，心里总会伴着五味杂全的翻滚。附中的教育，是封闭之下的单纯，就如同天国的纯净，它无法适应这世间的丑陋，其结果势必会走向极致。庆幸的是，我还没有完全沉沦，生命的体验，在一次次拉锯中存活。用艺术表达我与这个世界的不确定关系，无意中成全了我在行为艺术中的许多偶发亮点。可它的开始、发生和发展，总会伴随着我与社会与人之间的冲突，这或许就是我的宿命。

如今我住在北京郊外一个自己设计的斜屋里，与社会的距离感，让我能更加清醒认识自己的所在。每当无法言说的潜藏在我灵魂深处的兴奋点在脑中显现，每一个细胞在膨胀，每一个瞬间在延长，我屏住呼吸，静静地倾听和觉知，并朝着远方那个既熟悉又陌生的方向走去。

2017 年 11 月 3 日于北京

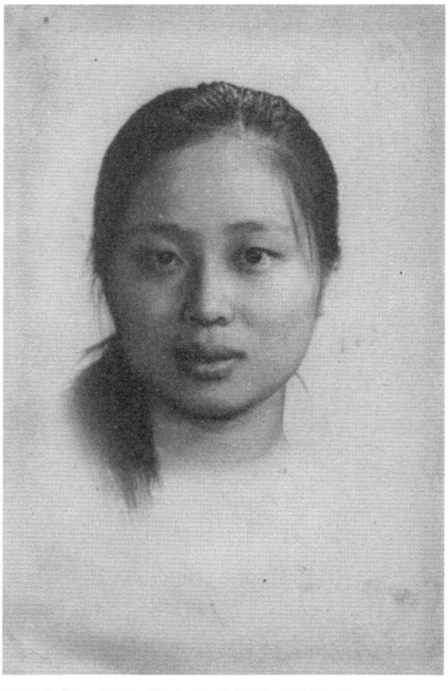

1984 年，肖鲁附中毕业那年的照片

1982 年，肖鲁画喻红

缘分

吕越 / 文

说起我和咱们中央美术学院的缘分，真是深。

早在读大学之前，只读了中央美院附中，大学去了中央工艺美院。附中时期也只是偶尔去王府井的老美院本部听听讲座，看看展览，和那个老校区联系并不多。尽管如此，中央美院的行事作风还是深深地影响了我，直到现在已经到了被称为“老先生”的时候了，还是不断地冒出其中的味道。而且对于美院和美院附中的记忆充满了温暖。

也许那时是价值观、世界观形成的年纪，附中的印记在我身上表现得比较明显：附中的同学成了一辈子的朋友，自己的闺蜜、孩子的干妈干爹都是那时候的同学，我们戏称是“发小”，相互看作最亲的人。79 级人数最多，女生也多。我们 80 级的这班 23 名学生，只有 4 名女生，宿舍里两个上下床，下乡时刚好一铺炕。后来肖鲁休学到了我们班，就组成了“五朵金花”，到现在铺位在哪儿还都记得住。我和喻红都住上铺，晚上头顶头地聊天。一晃三十多年过去了，如今“五朵金花”都在北京，各自有着自己的绽放。

因为后面两年没有招生，79 级、80 级、81 级这三届就像一个班的同学一样老是粘在一起，聚会常常不分届不分班。尤其是女生们，三届的同学都会参加。记得有一次搞化装舞会，因为有敦煌班的同学，很多人化装成了彩绘的菩萨和罗汉，还有化成小丑的，化成国王的。最逗的是洪浩，化装成店小二，感觉特别适合他。他还特别入戏，真在会场上做起了服务，端茶倒水，像模像样。还有两场婚礼，一场是李贵君嫁给了王小帅，一场是肖鲁嫁给了喻红。路学长化成

左起：路青、肖鲁、王艺勤、吕越、喻红

佐罗，和我一起管播放音乐。我存有一些当时的照片，只是像素太低了，现在只能看个大概。

上附中的时候，年龄小，很多事情一知半解。有一次申玲代表附中参加了一个挺重要的长跑比赛，大家都希望附中能赢，申玲能得第一名。有人出了个骑车带跑的主意，我觉得自己骑自行车技术不错，就自告奋勇地充当带跑的那个人。其实我一点经验也没有，之前也没做过，不知道如何能让在地上跑步的人跟上自行车的节奏跑出成绩和速度。结果跑下来的成绩并不理想，不仅我被体育老师发现挨了训，申玲也因为成绩没有达到预期情绪不高。后来有同学指点我说：应该让男生骑车领跑，男女搭配才有效果！我才明白其中有奥妙，后悔为时已晚。傻呀，真不开窍！

那时候我不知道什么原因就是喜欢时装，记得图书馆订了一本期刊，是日本版的法国杂志《25 岁》，原名现在还记得——《25 ans》。

当时觉得里面的服装太有魅力了，精彩至极，每期必看。就连图书馆的老师也知道我的喜好，每次到了新杂志都会特意告诉我。那本进口杂志不能外借，只能在图书馆里阅读，还要先洗干净手才能看，要是能借出来，估计会被我翻烂的。比起其他同学爱不释手、抢着看的艺术大师的画册来说，我的喜好有点另类。没有人争抢，自己可以慢慢地，一遍遍地，仔细地看。看过这期新的，还会期盼下一期，后来才知道那是一本现在很容易得到的时尚杂志，比起《VOGUE》还是不够级别的。当时孤陋寡闻，少见多怪，但真的是如饥似渴。

记得附中有一台脚踏缝纫机，在食堂大师傅的休息室里。我经常去做衣服，似乎只有我一个学生会去用那个机器。我常常陶醉在制造“奇装异服”的乐趣里，也不知道有多打扰师傅们的休息。现在想想，那是学校的老师和师傅们宠着我们。

毕业面临高考的时候，我的第一志愿是考中央工艺美院服装设计，这在当时是特别少见的，大部分同学都会考中央美院。辅导我们毕业创作的高亚光老师了解到情况后，特意去工艺美院看了服装设计系的毕业展览，回来特别找我谈话，告诉我她的观感，并给了我母亲般的升学建议。如今每次回想起来都觉得非常难得，非常温暖。

上大学以后，身在工艺美院，心却留在同学这里，经常回到王府井找老同学，出入美院的教室、宿舍，和同学们谈天说地谈艺术，似乎美院有种温度很适合我，让我感到舒服。

一路走下来，自己已年过半百。回想起来，美院给我的不只是温暖，还有这温暖里的“师德”。当然更多的是在中央美院附中学到的东西：做事的眼光和情怀。如果说我这一路“任性”，只凭喜好做事，也还能称得上有点成绩的话，就是在附中打下的基础让我能够得心应手。

也许像我这样对时装着迷的“狂热分子”不多，所以在中央美院开设设计学院的时候，过去教过我的老师和领导还能想起我。于是，我又再一次结缘美院，受命回来创建时装设计专业，现在能够以美院教师的身份被称为“美院人”。自豪之余，要感谢师长们的恩德，还要感谢这个“缘分”！

2017 年 9 月 8 日，完稿于望京

化装舞会

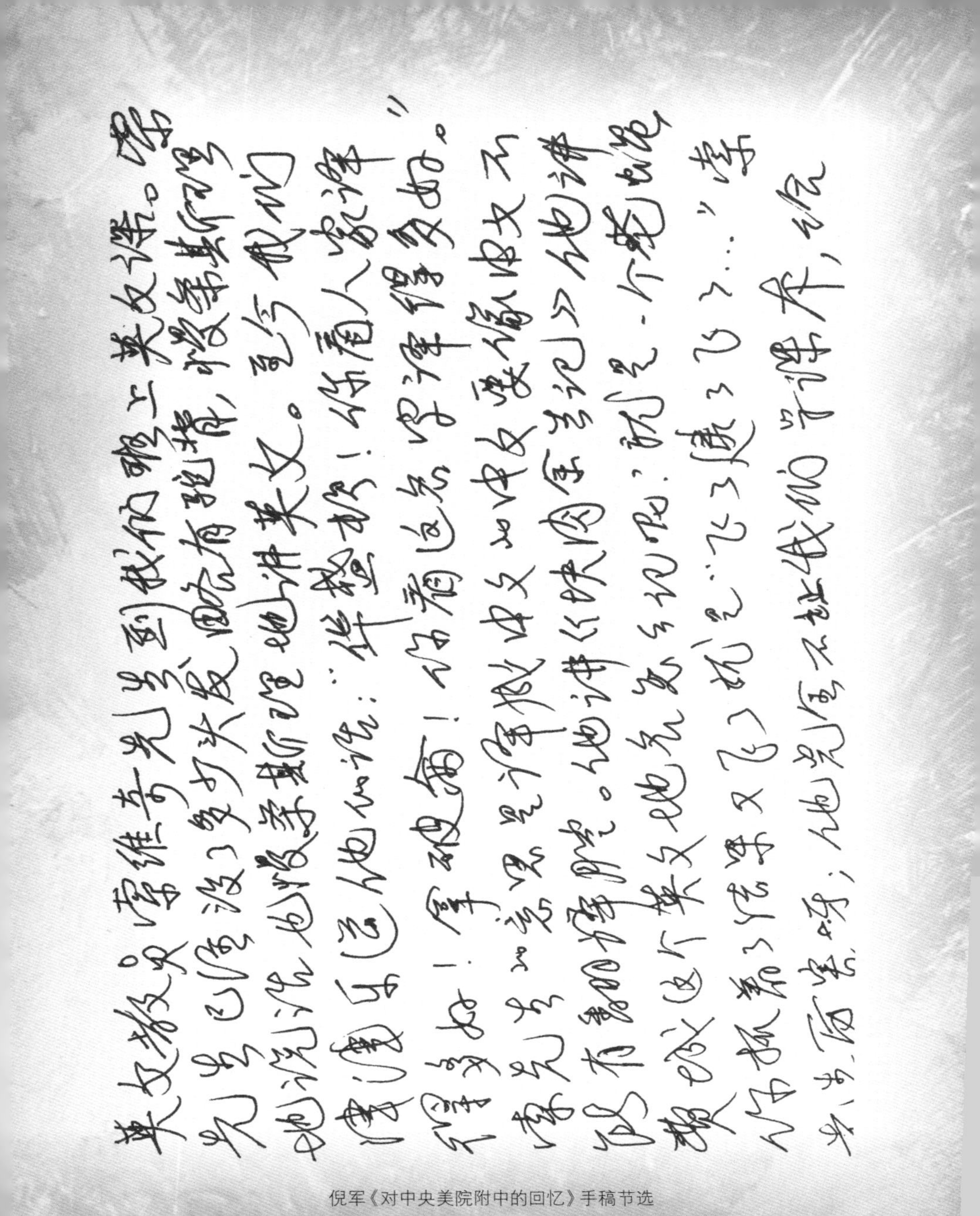

倪军《对中央美院附中的回忆》手稿节选

使笔用墨，点水涂色表演一番；书法丁校长根本看不上任何人教。别再把孩子们的第一印象搞坏了吧。梁齐喜，我郑重地写下梁先生的大名。美院大学部的老先生亲临我们班。他只要求我们临写颜真卿的"东方朔画赞"。什么柳公權、欧阳询、小楷、二王的都不许写。写大号的字，别扣扣机机的。马刚坐我身后的座位，下了课没写完也不跑着去食堂，这就是写进去。我敢说没有一个同学不深深受益于梁先生的书法课的。近四十年过去了，肖鲁在院党

倪军《对中央美院附中的回忆》手稿节选

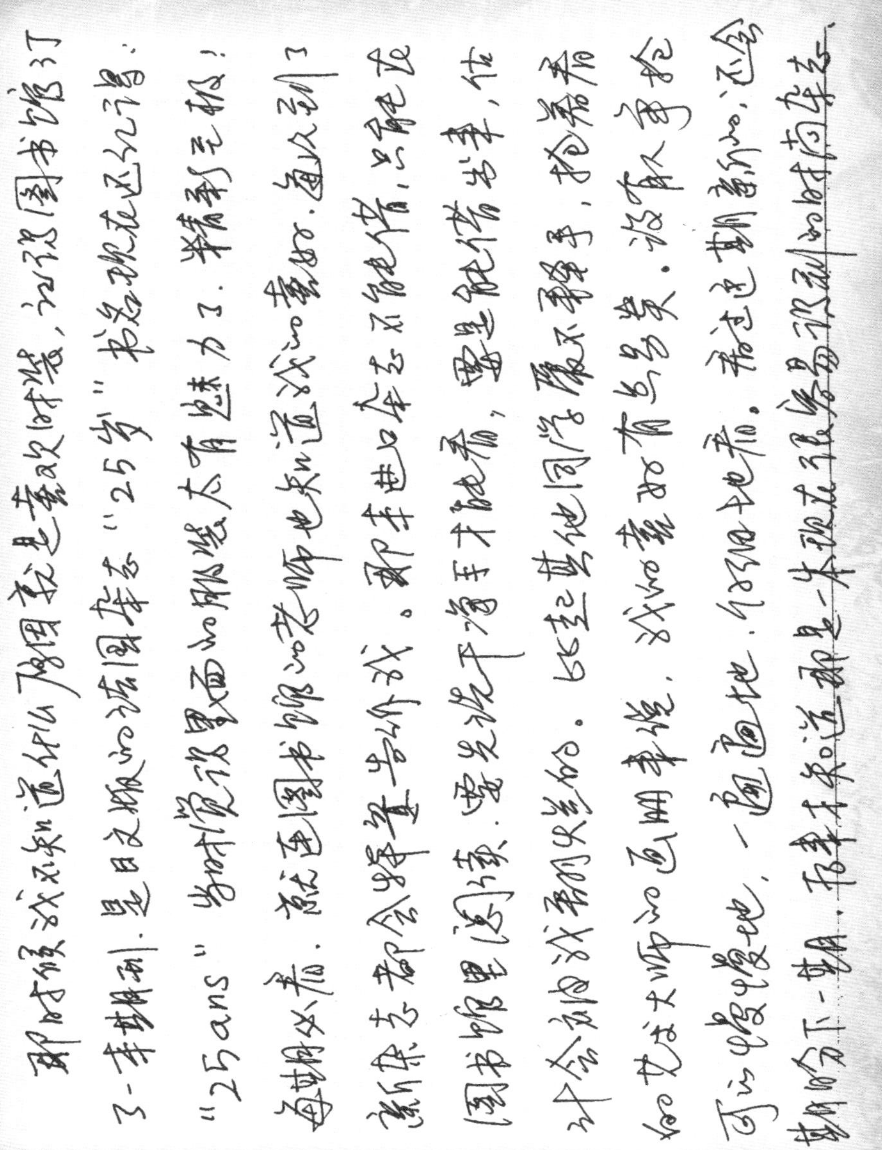

那时候我不知道什么原因就是喜欢时装，记得图书馆订了一本期刊，是日文版的法国杂志“25岁”书名现在还记得：“25ans”当时觉得里面的服装太有魅力了，精彩至极！每期必看，就连图书馆的老师也知道我的喜好，每次到了新杂志都会特意告诉我。那本进口杂志不能借，只能在图书馆里阅读，要先洗干净手才能看，要是能借出来，估计会被我翻烂的。比起其他同学爱不释手，抢着看的艺术大师的画册来说，我的喜好有点另类，没有人争抢，可以慢慢地，一遍遍地，仔细地看。看过这期新的，还会期盼下一期，后来才知道那是一本现在很容易识别的时尚杂志。

吕越《缘分》手稿节选

比起"VOGUE"还是不够级别的。当时真是孤陋寡闻，少见多怪，但是真的是如饥似渴。

记得附中有一台脚踏缝纫机，在食堂大师傅的休息室里，我经常去做衣服，似乎只有我一个学生会去用那个机器。我常常陶醉在制造"奇装异服"的乐趣里，也不知道有多打扰师傅们的休息。现在想想，那时学校的老师和师傅们真是宠着我们。还有一件事常常让我心怀感激，记忆犹新的，就是当毕业面临高考的时候，因为我的第一志愿是考中央工艺美院服装设计，这在当时是特别少见的，大部分同学都会考本院。

吕越《缘分》手稿节选

中央美术学院 油画系 80 级

林延 / 文

让我说说三画室，就是让我说说 27 年前的事，我还得想一想。不过一想就觉得三画室和我目前的一切都关系密切。

我们那时在王府井校尉胡同 5 号，是“文革”后中央美术学院恢复招生后的第二批学生。校园内共两级学生，和老师一样多。我们三画室除了我一个女生外还有三个男生：谢东明、惠远富和韦佳。我们整天在一个画室里画画，画老师要求的写实基本功的画。不怎么出声，不怎么休息。主要想的是构图、空间、虚实、色彩、笔触等画面上的各种问题。有时一张作业已经画了四个星期，我们还主动加课时。没有聚会，没有展览开幕式，没有商店可逛，

1980 年黄花城。前排左起：张元、惠远富。二排左起：谢东明、龙力游、韦佳、杨红太老师、林延。后排左起：李桂华、何卫

也没有经济压力及当代艺术思潮打扰。生活简单，节奏慢。

谢东明，学前就是詹建俊先生的学生。画风已看出詹先生的影响。因为比我们大几天，还高一点，衣着整洁些，就当了我们班长。后来知道他还插过队，比我们阅历深，就让他继续当下去了。不过他不论在教室里还是下乡写生，都是眼里有活，愿为大家做事。最值得我学习的是他总能保持工作环境干净利落，这一习惯对艺术家来说十分重要。不管将来有大工作室还是小工作室，周围的环境清爽不清爽直接影响到画面视觉效果，影响艺术家判断画面是否已完成以及画面制作的精致程度。

1981 年，摄于大浦河渔村。左起：林延、李桂华、何卫

1982 年，林延上油画系素描课

1988 年，韦佳在美国研究生毕业画展上与老师、林延合影

惠远富，是从东北考来的，几年下来口音不改。后来咱也能整明白他说啥了。他不说大理论，但能说到点上。有一张作业我总画不好，每天进门就画，有点着急，他就跟我说：你画之前得想一想，别上来就一头扎进去。这句话对我帮助很大。尤其是后来画极简风格的画，就像画国画似的，想的部分就更重要了。

韦佳，是从北京西城区文化馆来的。交往的人也多，抽烟喝酒都会。学前曾师从张伯驹、潘素老先生，爱看古今中外的书，记性好，嗓门大，来访者大多数是找他的。我平时没有什么话需要说，加上说话声音小，说了别人也听不见，所以我不记得在学校时跟韦佳说过什么话，后来我们俩约会时也一样。现在在美国生活，我们的孩子明年上大学，我们在一个屋里画画时还是不太讲话，跟在三画室时的状态差不多，没动窝。

三画室当时的主任詹建俊先生，上学时经常学习的董希文先生，还有来上过两周线描课的袁运生先生，他们的作品都十分概括，有表现力，这是我在三画室学习到的最重要的一课。虽然所有作业都是写实的静物、人物写生，但概括能力的培养是对学生思考及取舍能力的挑战，增强了我们提炼、组织画面的能力。我现在这种无中生有的画，减少笔墨的使用，喜欢平静中的冲力，都是从三画室开始的。

另一大收获也是我作为中央美院学生最为骄傲的，就是我们得到了深入画面的能力训练。只有中央美院的老先生能把我们逼到这份上，我们要全力以赴才能画过关。这个艰苦的过程让我们今后有能力看到别人看不到的微妙细节，知道对视觉语言的深刻理解是怎么一回事。对一门复杂技术掌握后，才能更坦然地面对更多的新事物。这种心里有底的心态是美院同学之间独有的联系纽带。不管后来在哪儿发展，作为艺术家成功不成功，我们都不太会盲目追随，找不到北。

以上是九年前为“三画室（1980–1984）四人联展”写的。话说大学时我和韦佳约会，遭父母强烈反对，居然把我换到了二画室，也就是隔壁教室。本来我们也没咋地，这一下我们约会转为地下，时光变得更加珍贵，没工夫说分手，一晃三十多年都长在一起了。

我是美院校园里长大的，原来管叫“叔叔”的人，现在都得改口叫“老师”了。油画系二画室曾由李天祥先生和我父亲林岗先生先生主管，二位留苏的先生非常尽心，一位随和开放，一位严谨保守。同学各有所好，气氛内紧外松，表面比三画室悠闲自在，但都各有令人服气的一面。我在校时，父亲主要任教于研究生班，偶尔来我们班看下。我也跟在家似的，老师家长的话不盲目地听，心存一方属于自己的空间，课上课下画得不一样。班里有两位男生，张元和龙力游。张元老大，班长，会操心。龙力游远离家乡来读书，最用功，从不纠结，喜欢谁就学谁，迷上研究生班陈丹青的速写，便一周画满一本，毫不含糊。政治考题每字背诵，连“答”字都不落。

油画系有史以来首届招上三个女生，全靠自己本事中榜，大家聚在一个画室很开心。何卫睿智，幽默，铁杆古典主义者，不修边幅，衣服破了，哪里补哪里不补却很讲究。说话一针见血，一句幽默的话我能笑好多天。李桂华，就是“大华子”，稍长几岁，时有自己的小苦恼。下乡写生时，我曾经有幸和泼辣开朗的她一路搭车闯新疆写生大山大水。

1986 年父亲和闻立鹏、葛鹏仁老师顶着学院的压力建立了鼓励学生自由创新的四画室。我母亲庞壔先生也从版画系调到四画室了。他们在体制内为培养青年艺术家创造了一个包容西方现代主义思想的空间，意义深远，影响至今，和油画系现在新成立的五画室教学体系也有一定的渊源。这是中央美术学院值得研究梳理的一个支流。

在此感谢所有先生及职工对我们的付出，感谢同学的厚爱，祝福母校！也代表全家美院人祝中央美术学院继续研究利用自身丰富的资源，将学校越办越有实力、有魅力！

2017 年 9 月 1 日
匆匆补充于纽约布鲁克林的家

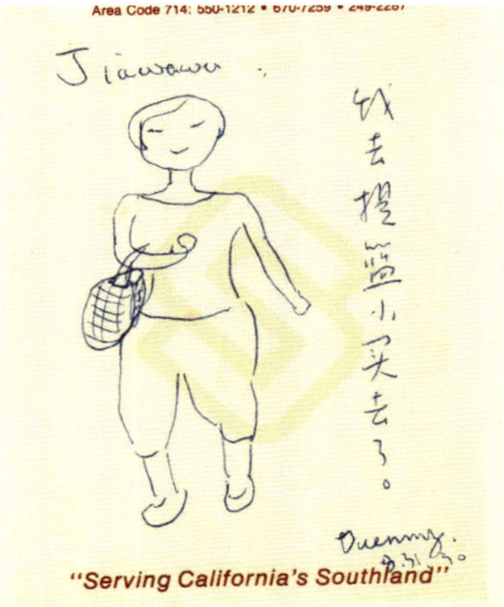

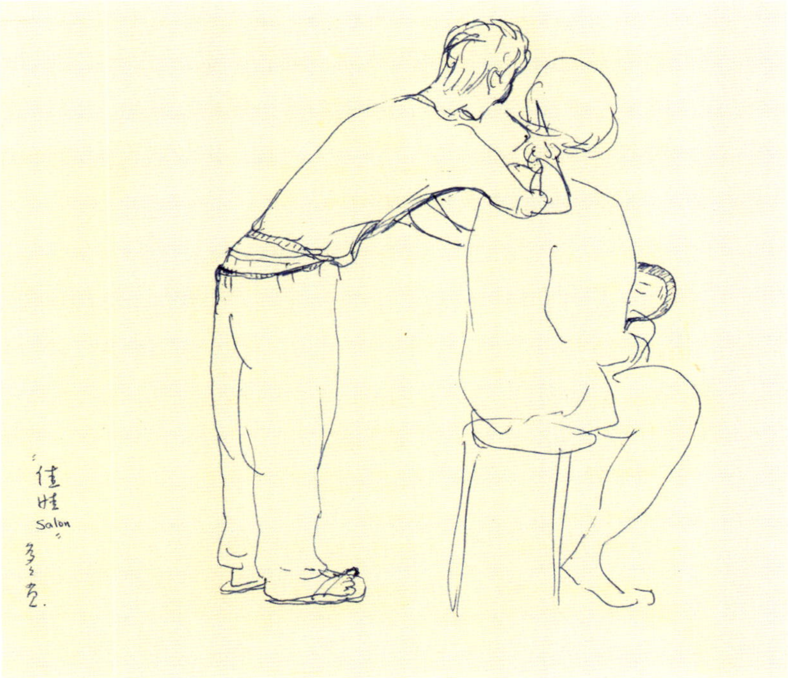

20 世纪 90 年代在洛杉矶家的生活便条，林延写

片言只语（1980—1984）

韦佳 / 文

1. 我在美院画的第一幅油画女人体是坐着的背面，受法国画家莫迪的影响，强调人体明确、简练、概括的边线，色彩整体没有什么明显的冷暖变化。年底各画室老师来观摩时，赵友萍老师语重心长地对我轻轻说："画得不错，可这么画，你来美院学什么呢？"后来我妈看了，说："画得好，连胸罩带子的印儿都画出来了。"

2. 很多美院已经毕业的和现在的学生跟我说，见过我画的素描摩西，印象很深。那是我画了四个星期后，放寒假时又一个人每天悄悄跑到教室努力完成的。同班的林延，画画世家，在纸上画几根线都是立体的。东北来的惠远富，随便涂抹个黑白灰块面也都是立体的。就我自己画国画山水起家，画立体很难，那是我当时要解决的问题。你们看这幅素描有立体感吗？

3. 二年级时袁运生老师给我们上课，线描。心慌手生就是控制不住笔，回到模特儿台后面，从我桌里拿出一瓶二锅头，仰头就是两口。正好被袁老师看见，他笑眯眯地说："你能喝酒啊，我可一点都喝不了。"我那是酒壮怂人胆，不是吗？

4. 姚钟华老师也在二年级教过我们，给我们摆了一个人体。那姿势都画过很多遍了，谁都不想再画，又不让我们自己摆，我们就带着画箱骑着车跑到一个风景区画风景去了，画了不止一两天。忘了后来是如何教训我们的了。

《摩西像》 韦佳

5. 毕业论文写的是审美的主观作用，列举了大自然每天的朝霞日落，说如果认为夕阳落日是美的，那是因为人的主观感受。还列举了“情人眼里出西施”。毕业答辩时李天翔老师提问：“你不知道西施误国吗？”记不住自己当时的雄辩，后来人们都给演绎了，我就只好半信半疑地听之任之。

6. 三年级是朱乃正老师教我们，几次发现他天刚刚亮，7 点钟左右就已经一个人在教室观摩每一个学生的作品了，那个时间很多同学还在睡懒觉呢（我那时每天早起锻炼，年终总有速写本和背心奖励）。等我们上完英语课，9 点进工作室时，朱老师把我们的作品分析得令人心服口服，那是我在校收获最大的一年。

7. 詹建俊老师跟三十年前的样子差不多，总是笑呵呵地挤挤眼睛跟你谈作品。我的毕业创作草图不知修改了多少遍，都要绝望了，也许詹老师就是要你绝处逢生。其实最终的效果和最初的草图相差不多。

8. 课余时间没有太多事做，没有画廊，没有画展，也不需要什么社会活动，美院就是一个社会。还记得和同学谢东明在阳光下的教室一起聊艺术，直到教室黑到谁也看不到谁。晚上有时去喝点酒，就邀个朋友一起去，一盘花生米，二两酒，没几个钱，一碗牛肉拉面也就是两毛一分钱。今天约他，明天约他，时间长了就反过来，今天他约我，明天他约我，挺忙。没约过女生，除了同学林延，第一次请她在萃华楼吃饭，结果她要求 AA 制。

太晚回学校，大门要关的。同学都学会了翻墙，一个半人高的墙，不易，男生翻墙女生也翻。确定女生也翻是因为跟同学李桂华说拜拜时，她一人还在那吃小笼包喝着二锅头呢！现在看着体面的大艺术家，如果是从美院旧址毕业的话，大多会翻墙，不翻怎么能毕业呢？

9. 美院每年有学生作品汇报展，在美院陈列馆。当年第一届研修班汇集全国人才，程丛林是其中一个，他很喜欢我在展览上的画，就问陈丹青：这个韦佳是谁？要认识一下。陈说：是个女生，别刚来就惹事。我妈见过程丛林，问他关于我的画，他说韦佳的画不属于现在，他的画属于未来。多少年过去了，我妈到现在还常常提到这个“未来”呢！

10. 祝贺美院百年校庆！美院的生活是难以忘怀的。一直希望能为美院多做一些贡献，老骥伏枥纽约，志在千里美院。祝贺！

韦佳上学时画的第一幅女人体

记忆如初恋——写给中央美院附中

王小帅 / 文

我最早的绘画经验来自于一位业余选手——我父亲。

父亲在考上上海戏剧学院学起表演之前，曾经以为自己会成为一个画家，只需要一张纸和一支笔就能过一辈子。这应该只是他的幻觉，因为实在没有见过他有什么绘画痕迹留下来。唯一有的是一幅似是而非的东西，比成人的巴掌略大的一幅东西，被夹在一个古老的镜框里。从笔触和质地上看确实用的是油画颜料，但内容过于抽象，当年的我一直不认为那可以归为油画。有一块土黄色的色块占据了画面大部分，左上方的空间有一块天蓝色，左下方有一堆墨绿色。土黄色的右下角有一抹红色，红色上面画了一条黑色的线条。最后还在土黄色色块上由右上向左下用刮刀刮了两道线，露出颜料下面画布的底色。每一处颜料都堆得很厚。父亲说油画就是要用颜料堆，要不惜颜料，并且要退远了看，近看往往什么都看不出来。我尝试退远，可我不知道巴掌大的尺度，还能怎么退远。

父亲只有这一张作品，他为自己没能继续成为画家而遗憾。有一天他可能是灵机一动，决定把自己未尽的理想加注在我身上。他不知从哪里找来一个石膏圆球，说达·芬奇也是从石膏画起来的，那一年，我五岁。后来的几年，我的童年和少年都献给了我父亲的理想。直到有一天，父亲在一份报纸的招生信息里发现了“中央美术学院附中”的招生启事，从此，一切都变了。他说：你看看，只要你努力，就可以去“中央”了。那年是 1978 年，应该是美院附中恢复招生的第一年。虽然我才只有 12 岁，远没有到报考中专的法定年龄，可这个业余老师竟划拉了我的一推涂鸦寄到北京报了名。很快，“中央”把我的“作品”退了回来，而且邮件里并没有出现父亲日思夜想的准考证。但是这一次的失败并没有影响到父亲的热情，相反，这一邮件的有去有回，充分说明了报纸角落里的那个中央美术学院附中是真实存在的。它就像一个遥远的灯塔，虽然当年的航行还远没有到能看见它的距离，但你至少知道了灯塔的存在，只要你一直向着那个方向航行，总有一天会见到它的。事实上那份退稿邮件，它已经如同一道光芒照射进了远在贵州山里的这个普通的工人家庭。我知道，父亲的心，在那个时候，亮了起来。

1981 年考取附中，时值爸爸在沪排戏，只身去沪看望

除了当下和未来，人的生命还有一个重要的组成部分便是记忆。“过去的事就让它过去吧”这种心灵鸡汤另当别论。然而“记忆”是不会发生在当下的，往往都是经过了时间的沉淀，才使没有被时间的灰尘掩埋的、难以忘怀的事情以记忆的方式存在下来。甚至越久远，记忆越清晰，正如业余绘画爱好者父亲所说，油画得退远了看，退远了再去回望，生命里那些重要的肌理和轮廓才更加清楚。

附中的生活正是如此。36 年前，一个 15 岁的少年懵懂地推开了中央美术学院附中那扇神圣的大门，兴奋、惶恐，还有些许天下舍我其谁的虚妄，并没有意识到这一天对自己一生的意义，就如同贴近了一幅巨大的油画，在还未领略其大意的情况下，只顾在那些令人眼花缭乱的色块、线条和凹凸的肌理里左突右撞，恣意地享受这每一处新鲜刺激的景色。那是漫长又短暂的时光，

1984 年 8 月，在沈阳

四个春夏秋冬，1460 天，伴随着一个少年渐渐长大。那些泛着青光的长长的走廊，弥漫着松节油味道的画室，院子里的大枣树，食堂里大锅菜特有的香味，图书馆里一格格一排排的借书签，还有男生宿舍终日不散的酸腐的汗臭以及遗精之后空气中那股不可言说的可疑的味道。我认为，记忆的强度取决于经历者当时的处境，而附中时期的少男少女们正如一张张干净的白纸。那时的所有经历都成为在白纸上画出的第一笔，新鲜而刺激。第一次离家独立生活，第一次看到精美的画册，第一次被毫不客气地打上了“1”的分数，第一次像成人般地抽烟、喝酒，第一次在浴室里惊恐地看着自己下体长出来的阴毛，第一次被心爱的女生弄得心迷意乱，第一次感受到让人焦灼、绝望又无比甜蜜的爱情……所有这些第一次，如同肥沃的土壤下的种子，一个个在那些岁月里破土而出，娇嫩，但酝酿着无穷的生命力。

随着时间的推移，回望附中的岁月，它在你整个人生坐标里的重要性就越来越清晰，它带你走进艺术的殿堂，它帮你修正航向，它让你慢慢地认识自己。我深感在一个人青春期最关键的时候，因为有了中央美院附中的加持和陪伴，是何等的幸运。

那幅父亲的油画，是父亲去世之后母亲才告诉我，其实那不是一幅抽象画，也不是父亲的简单涂鸦，里面是有内容的。那是父亲和母亲的第一次约会。那天下雨了，他们坐在公园的椅子上，打着一把黄油布伞，那点红色是母亲穿的衣服的颜色，那一笔黑线条，是母亲编起的长辫子。我问为什么天是蓝的，母亲说因为那天下的是太阳雨。

一幅画，一段记忆，竟要用一生去解读。初恋的记忆在父亲即是如这幅画，而我的则如在附中的日子。

我的校尉胡同5号

王水泊 / 文

吕梁的冬日，寒风瑟瑟。在孝义火车站的黄土坡上，除了几个送行的战友外，县文化馆的侯馆长带着大大小小几十个学生前来和我告别，在过去的四年里我经常义务去给他们上美术课，他们都称我小王老师，我也跟他们学会了一口当地土话。

那一年是1980年，四年的军队生活结束了，我刚满20岁。

复原回到了老家济南，距离考试只剩下半年时间了。1981年，中央美院只有三个系招生：国画系山水专业、连环画年画系（简称“连年系”）和美术史系。我在军队曾经获得过全军幻灯比赛一等奖，也出版过一些插图作品，更适合考连环画专业。那个年代，不管名气大小，艺术家都画过连环画，画得最好的当属贺友直、华三川那一辈大师。

1977年，当兵的王水泊

1979年。左起：王水泊、姜成楠、董亚春（八一电影制片厂导演）

我在军队的老师姜成楠，他是“文革”前的老美院学生，受教于蒋兆和先生，中西画底子都很扎实，曾以一幅《夜以继日》扬名军内外。成楠老师是北京军区炮兵美术创作组的组长，每年都会把我们从各地的部队集中到北京香山脚下，一边搞革命现实主义的艺术创作，一边教我们学院派的素描色彩。我也经常跑到校尉胡同 5 号偷艺，并结识了国画系 78 级的胡伟，一个气宇轩昂披着长发的济南才子。那时中央美院是我心目中独一无二的艺术圣地，记得有一次在 U 字楼里上厕所，心中都油然升起一种在天堂撒尿的荣耀感。

由于邮局出错，我没有及时收到美院的招生简章，因而错过了报名的日期。情急之下，带着报考作品坐了八个小时的火车去北京。成楠老师领着我，连夜敲开了美院后院刘干老师的家门。刘老师也是当兵出身，面容和蔼可亲，时任连年系的书记兼副系主任。他看了我的作品后连声称赞，但说今年文化部有规定：英语不及格一律不录取。在刘老师的努力下，美院教务处破例给我补发了一个准考证。

去北京考试时，住在弟弟凤昌在南小街的家里。凤昌比我小两岁，是北京工艺美校的学生，一年前，他在军队任职的舅舅带他来到了我的画室。那时部队周围的农村非常贫困。我每天带凤昌去孝义县城附近的村子里画速写，画了很多头戴白羊肚毛巾的牧羊老人、赶着小毛驴车的后生、衣不遮体的小娃，还有散发着臭味的窑洞……一个月之后我们俩成了兄弟，后来在我的鼓励下他也考上了美院。

入学考试在校尉胡同 5 号的校园里整整进行了一周。

先是考文化课，语文、政治、文艺理论、美术史和外语，前几项感觉考得还过得去，但拿到英语考卷时立马傻了眼，完全是两眼一抹黑，就连打勾猜题都无处下手！想到刘千老师提醒的文化部对英语成绩的规定，觉得自己录取无望，可还是硬着头皮考下去。幸好接下来的素描、速写、色彩和连环画创作都考得很顺利，自我感觉每一项都是本考场上最突出的，所以心里略有安慰。

最后一项是面试，主考官是我的偶像，大名鼎鼎的连环画大师贺友直先生。贺先生的《山乡巨变》和《白光》等连环画作品是几乎所有学画人的范本，我不敢相信自己就坐在这位大师的面前回答问题。记得贺先生带着睿智的眼神，用温和幽默的语气问我："如果你今年考不上中央美院，有什么打算？"

我能有什么打算呢？一周考试下来身心交瘁，如果这次没考上的话，以后就绝不打算再考了。

带着忐忑不安的心情回到了济南。不久，考试成绩单寄到了，英语 3 分！我大概是中央美院入学考试历史上英语分数最低的考生了。

令我惊喜的是，我居然被录取了！

我们是连年系连环画专业的第一级本科生，全班六男两女，而当时全美院也只有 89 个学生。

袁运甫先生的长子袁佐，在军队文工团做过舞美设计，长着一张乐天幽默的脸，在班里像个宽厚的老大哥，可惜他入学不久就去了美国留学。

李玉杰，来自哈尔滨，祖先从山东闯关东到了黑龙江，家里排行第十，故又称自己“李老十”。因为头大身子小，我们都叫他“大脑袋”。老十是个才子，写一手好字。他入学前就出版了几本连环画，有一次收到了五百多元稿费，当时可是一笔巨款，他遂请全班同学去莫斯科餐厅大吃一顿，大家酒足饭饱，那一餐共花了50元，相当于当时中等收入家庭一个月的工资！老十性情开朗，平时爱喝酒下棋，还喜欢和我一起调侃他人。他毕业以后专攻书画篆刻，其代表作“残荷”系列以及受到罗聘影响的那些鬼魅图，均显示出深厚的功底和不可估量的未来。可惜老十39岁时在北京国际饭店跳楼自杀，那天是6月1号，同班的女同学兰子发传真告诉了我，我在加拿大听到他的死讯时不禁潸然泪下！

许彦哲，自称“老许”，年纪是班上最大的，人很善良单纯，做事如同他的画风一样严谨，我这个班长有过激的举动时，都会被老许纠正。老许是北京人，早年丧母，很少回家，每天在教室里用功。那次在莫斯科餐厅他喝醉了，我搀扶他一路走回，记得他抱着路边的树哭着大声呼唤母亲，我安慰他说：“别难过，我们会努力学习成为艺术家，你母亲会为你自豪的！”老许品学兼优，各门功课都很出色，老师们也都喜欢他，毕业后留校任教。老许如今定居瑞典，前些年来过我蒙特利尔的家做客，我途径斯德哥尔摩时也去和他小聚，老许的家干净整洁，他依然在安静地每天作画。

梁耀平，讲广东话的广西柳州人，在我们还不知洋饮料是何滋味的时候，他就经常收到家里寄来的罐装可口可乐。他画画不太有灵气，平日喜爱玩弄拳脚。我们都以为他是一个功夫高手，不想那次去敦煌途中，在西安等汽车时与人发生争吵，一个陕西小伙三脚两拳把他打得没有招架之力，从此大家就不敢指望他的保护了。他毕业后和老十一起分到了人民美术出版社，后来去了美国后音信全无。直到几年前我去田纳西州的孟菲斯拍纪录片，才听人说他曾在那里做过生意。他恐怕更适合做商人。

班上的两位女生，一位是李老十的哈尔滨同乡姜雪鹰，入学时只有 18 岁，戴着一副深度的近视镜，大家都叫她的小名兰子。兰子的艺术感觉不错，也属于幸运的女孩，学画不久就考入了央美。唐红，是和我同龄的北京女孩，入学前跟范曾学过画，几年之后去了南美……

我被同学们讥讽过善于背诵外国人名。因为喜欢欧洲古典音乐，经常捧着一本世界音乐欣赏辞典，可以熟练地说出：约翰·塞巴斯蒂安·巴赫、弗雷德里克·肖邦……那时学校严格规定不许谈恋爱，所以刚入学那两年我们都在专注学业，大家白天画画晚上读书，床边都堆满了自己买的各类书籍，那时对我影响最大的一本书当属卢梭的《忏悔录》。

入学后的第一位素描课老师，是来自上海的央美才子陈文骥。他只比我大六岁，和我们班年龄大一些的同学几乎同龄，他个子矮小，一张满是雀斑的娃娃脸，我们都称他为小陈老师。第一次在素描课上画女人体之前，除了在电影里看到过裸露的女人，我从未见到现实中的女人裸体。虽然模特儿是一个相貌和身材都很普通的乡下女人，我的心依然怦怦直跳，再看班上男同学的表情也都是一脸通红，紧张得无人说话。加上小陈老师要求我们放弃以前画画的习气，大家一下子脑子都懵了。可想而知，我们的第一幅女人体素描画得有多糟糕。

在部队时，我属于自由散漫经常被上司点名批评的小兵，早上不起床出操，晚上不按时休息，军装穿得油光光的也不洗，还不爱向领导做思想汇报。考入美院后却先是被系领导指定为班长，又被学生会的委员们推选为学生会主席，真体会到了什么叫赶鸭子上架。又赶上了当时的国家领导人胡耀邦鼓励大学生参与改革和管理，所以作为学生会主席的我，还不得不介入一些学校的管理工作。

学生会的壁报代表了一个学校的面貌和气质，担任学习部长的雕塑系学生展望和团委宣传委员陈默负责编辑，我们经常一起去工艺美院参观。该校学生的壁报办得很好，当时没有现在的打印喷绘，都是由一些毛笔字好的同学们来帮助手书。我们还经常组织电影放映，放一些国外使馆提供的过路片，很多世界电影大师的片子都是那时看到的。

1984 年，王水泊（左二）和美院的同学们

那时美院的学生食堂伙食和服务都很差，甚至发霉的馒头油炸后再卖给学生，厨房员工和学生也时有激烈冲突。我和伙食科长商量出一个解决办法，要各系学生轮流去食堂帮厨卖饭。谁知双方关系融洽了但食堂却亏损严重，原因是卖饭的学生经常不收饭票，甚至还多给同学饭菜！于是伙食科长找到我紧急要求停止合作，第一项学生参与管理遂告失败。

主管学生的老师和清洁工经常找到我，抱怨宿舍楼层卫生的问题。一次甚至把我拉到女生厕所，让我看看堵塞下水道的东西，我以为女生会比男生干净许多，没想到有人居然把胸罩和卫生巾都扔进了马桶里！学生会和校方商量决定，由家境困难的学生来承包自己楼层的卫生，这样他们还可以得到一份清洁工的工资。布告一出即有男女同学报名，最终我们选出了两位家境困难的同

1985，连年系首届本科生毕业展合影
前排左二刘千老师、左三杨先让老师、右四贺友直老师

1985 年，贺友直先生和夫人来教室看望学生们
后排左一王水泊、左二姜雪鹰、后中李老十、右一许彦哲、右二杨君

学，各自承包男女生宿舍楼层的清洁工作。然而几周后，学生宿舍楼层卫生每况愈下，厕所臭气熏天肮脏不堪，无奈之下我们只好让专职的清洁工把他们换下。又一项学生参与管理宣告失败。

学生会的主要工作内容当然是组织学生的社团活动，除了延续到今天的著名的新年化装舞会，最成功的要算是当时央美的学生剧社了。

成立学生剧社的主谋是美术史系的温普林，有一天他找到我，建议在五四青年节搞一出话剧，并自荐由他执笔把老舍的《茶馆》浓缩成现代版。等他剧本出来后我们俩就一起点将选角，结果不仅各系学生都有代表出演，而且他们的本色表演居然都跟角色很贴切：雕塑系的尚晓峰饰演常二爷，版画系的毕建峰饰演王利发，民间美术专业的傅晨曦饰演秦二爷，油画系的李迪饰演松二爷，连环画专业的李老十饰演刘大麻子，国画系的徐洪文饰演唐铁嘴。由于美院的女生们不善出头露面，只好由许彦哲和我来反串女角，他演小丁宝，我演小福子，温普林担任导演。现代版《茶馆》在学校五四晚会上的演出极其成功，师生们乐不可支，好评如潮。

当时侯一民、靳尚谊、刘勃舒、盛杨、杜键等几位院领导都很爱护我们这批学生，加上那位大讲弗洛伊德和西方现代哲学，随即成为我们精神领袖的孙浩良老师主持学生工作，使得学校的气氛空前之好。

连年系的系主任是著名的延安时期版画家彦涵先生，我们只在开学典礼上匆匆见过，现在印象已经比较模糊了。同样来自版画系的杨先让先生是真正的掌门人，他来自旅居韩国的山东绸布商家庭，是位充满激情的艺术家和风度翩翩的社会活动家。他经常把一些艺术界的重量级朋友请来给我们做讲座，北京人民艺术剧院的戏剧大师于是之讲他的表演经验，指挥家李德伦讲贝多芬的交响乐，钢琴家鲍蕙荞讲肖邦，周传基教授讲世界电影……他还经常给我们推荐必读的书目，记得一入学他就推荐了三本书：《傅雷家书》《邓肯自传》和《彭德怀传》。

在杨先让先生的眼里，我一直是个品学兼优的学生。身为班长的我从未迟到旷课过一次，一年级时创作的连环画《大车店》就获得了美院年度学生习作一等奖，通常这个荣誉不会给低年级学生的。但毕业之前我们之间的关系却急剧恶化，一次他问我今后的打算和对国家的看法，我不知天高地厚地说："你们这一代人的使命完成了，我们是改革的主力，党和国家的未来要靠我们……"他后来说他对这次谈话的印象很不好，我能感觉到他从此对我产生了反感，要知道他那时只有五十几岁，正是男人最年富力强的年龄。

最要感激杨先生的是，他把贺友直先生以文化部特聘教授的名义，从上海滩请来主持中央美院的连环画教学。贺先生是学徒

王水泊和他的毕业作品

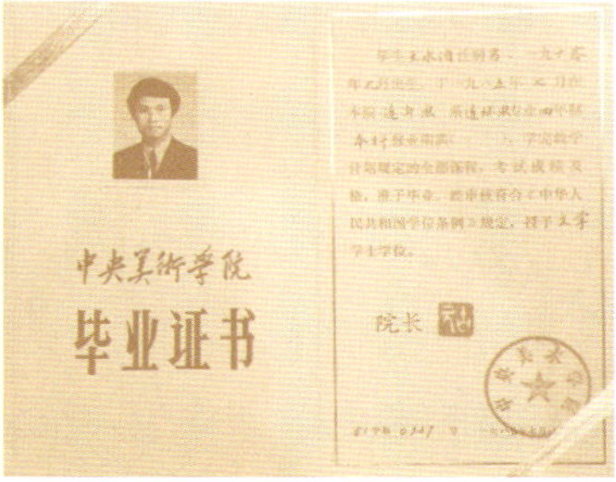

毕业证书

出身，没有读过大学，但他是我们心目中名副其实的艺术大师。贺先生和太太被安排在了学生食堂旁边的一处简陋房间，那时美院教授们的居住条件都很差。贺先生待我们如同自己的孩子，贺太太烧得一手好菜，特意请我们全班同学去他们的临时居所改善生活，那是我上大学期间唯一一次在老师家吃饭，也是第一次知道什么叫上海菜。

贺先生为了带好我们的毕业创作，亲自担任我们的班主任。他上课非常细心，除了亲手写好教学方案外，还会根据学生的创作选题给每个人写一份指导意见。他的那句“要在角落里做文章”，让我至今都受用，这句话的意思就是要把握细节，文学和绘画如此，电影更是要注意细节的表现力。我至今都还保留着一些贺先生的手书，他幽默的文字里闪烁着智慧和灵感的光芒。

从这位连环画大师以及其他先生们的身上，我学到了认真做人和认真做艺术的态度，这是我在美院四年学到的最重要的东西。

现在想来，我实在是太幸运了。

2017 年 7 月 9 日于上海

无题

温普林 / 文

20 世纪 80 年代的教育还是所谓的精英教育，偌大名头的中央美院全校学生还不足百人，校园内经常出入的尽是现代美术史上赫赫有名的前辈先生，给我们授课的也有很多外聘的社会名流和学术泰斗，比如给我们美术史系上过课的就有徐邦达、谢稚柳、杨仁恺、宿白、王尧等，他们是真正的大家。

经过十年“文革”，人们的精神正在经历着一次新的解放，西方思潮不断涌入，传统文化全面复苏。这就是我们这一批大学生在那个由理想主义支配的 80 年代得到的精神滋养。

在我们成长的道路上给我们深刻影响的导师实在是太多了，无法一一道来，但有两位张先生却是不得不提，一位是后来成为大翻译家的教务处处长张荣生先生。他满嘴的二人转口音，一张嘴就会逗得全校学生哄堂大笑，而他自己却是一脸的严峻。他每周组织一次外国影片的全校内部观摩，放映前他总要进行一番思想训导，有一句名言是：“这片儿在国际上也是艺术片儿，你们可别当毛片儿看了。”有一次男生厕所里出现了黄色漫画，全校开大会追查，张先生训话：“画女小人儿。女厕所我没进去过，那小人儿画得不咋地，形也不准，一看就不是我们自己同学画的。”他的话音未落，全校师生早已是哄笑一片，如此护犊般深爱学生的教务处长恐怕早已绝迹。

另一位张广仁张先生是体育老师。每日清晨，我们这群夜猫子正在做着美梦的时候，一个恶魔般的哨声响起了，紧接着便是咣咣地撞门声——“温晋林！温晋林！起床，起床，快起床！”

张先生有些花眼，清晨对着名单点名，很长时间里都没有看见我名字中“普”字上的那两个点。他每天清晨都逼着我们围着王府井跑圈儿，还语重心长地对我们说：“小伙子，早起床，勤跑步，你们将来前程远大啊……”

在这种宽松自在的气氛中，我们茁壮成长了。那时候弗洛伊德学说正大行其道，我们都自诩为“力比多”过剩者，于是我们酗酒、疯狂，同时要跟至少5个女生谈恋爱，为了爱情吃药、割腕……在校外，我们走遍中国的犄角旮旯，去体验本来并不属于我们的生活，开学后各自炫耀在路上的艳遇。我自己也因为力比多的过剩，1984年组织成立了“中美剧社”，排演了荒诞版《茶馆》；1985年联合八大艺术院校的同道，成立了中国大学生艺术团；1987年举办了温普林艺术展；1988年拍摄大地震带领一千多人去包扎了长城；1989年记录“中国现代艺术大展”……

虽然我在1985年就已毕业离校，可是整个80年代，我的精神没有一天离开过校尉胡同5号。我有幸参与、见证、记录了这个年代发生在校尉胡同5号校园之内的诸多欢乐场面。如今，校尉胡同5号已无迹可循，昔日的王府井也面目全非，鸽哨不再回荡，乌鸦也不知何处落脚。

80 年代的记忆片段

李迪 / 文

1980 年元月，在北方告别了 70 年代的最后一个寒冬，对将满 17 岁的我而言，恍然间从童年变成少年和青年，告别了从小学至高中毕业一路的磕磕碰碰。

我喜欢画画多是由于父亲的原因，做过美术老师的父亲在北方边城也是有一定名气的。小的时候常常坐在旁边看父亲画油画，特别喜欢看调色板上排列有序的颜色和调出来的无限变化的色彩。书柜里有许多的画册，英国水彩画集、俄罗斯素描等等。出于对政治运动的恐惧，父亲收集的大部分画册被母亲悄悄地烧掉了，幸运留下的几本是父亲出差带在身边的，这几本画册便成为我小时候常常翻阅的书籍。

1976 年上初中后，父亲看我喜欢涂涂画画，就送我进入林业二中的美术组，和一帮年龄相仿的孩子们围着聚光灯下摆放有致的石膏模型画几何体素描。沙沙的铅笔声带来的完全是另一种神奇的感觉，让我贪玩的心终于安静下来，学着仔细观察物体的结构和立体关系。在那个时代，这种声音与外面大广播喇叭里传出的声嘶力竭的政治口号声既不合拍也不协调。

当时社会上的各种政治运动也影响到了学校，从小学结束至初中毕业几乎没有从课本上学到什么，由于美术组的老师是专业很好的老师，美术反而成为我们的主科，我的绘画进步很快。1979 年高中毕业之后，我没有去考当地的美术中专，也没有去某个林业局的宣传部门做美工，而是选择准备报考美术学院，把全部的精力和热情放在了绘画的学习上。1982 年中央美术学院油画系第一画室招生，我幸运地考上了。记得当时父亲对我说过一句话：“你们这一代赶上了好时候。”

那一年我 19 岁。

1982 年 8 月底，我坐上开往北京的列车，看着家乡那座熟悉的小火车站渐渐地消失在我的视野里，我意识到全新的生活篇章和艺术的旅途就要开始了，内心对这个黎明破晓的时刻有着无限的期待。我喜欢这种感觉，它充满新鲜感与对未来的好奇，宛如看一个画卷慢慢展开的过程。80 年代初的北京和现在相比虽然朴素，但对于从北方小城来的我而言绝对是一个超级大都市，它既像一个饱经历史沧桑，和蔼包容的老人，又像一个充满生气，勃

1982 年李迪（中）和同学在北京怀柔十渡山区写生

勃向上的青年，这个极富历史沉淀的城市和我们一样对未来的发展充满了期待和希望，负载着沉重也拥有着无限的活力。

入学时，第一画室是吴作人先生主持的画室。当时吴先生身兼中国美术家协会主席的职务，但非常关心我们的学习和生活，还安排我们去他家里做客，听他当年留学法国时的见闻以及对绘画的理解。他还专门为我们班题写大幅篆书勉励我们。印象中他和夫人肖淑芳女士都非常和蔼可亲。

开学后不久，北京就进入了秋高气爽的季节，我们按照课程安排来圆明园写生两周，住在清华附中的宿舍里。圆明园的秋天确实非常地美，白桦树被铺满一地的金黄色叶子衬托着，好看极了。这个季节的圆明园踏秋的游人很多，也云集了北京各路写生高手，几乎每个角落都能看到支着画箱画画的。白天我们夹杂在他们中间，仿佛挤进了一个“江湖”。我们美院油画系的学生自然备受关注，写生的时候常有一些人聚集在后面观摩我们如何起稿如何

1982 年，美院油画系第一工作室同学和吴作人老师（左一）、肖淑芳老师（右五）

上色，希望能学些所谓正统的绘画技巧和方法。晚上躺在清华附中招待所的床上读着班主任吴小昌老师推荐的《美的历程》和《傅雷家书》，在熄灯后的黑夜里听小昌老师带来的让 · 雅尔的电子音乐，仿佛飘离这个世界，在宇宙的虚幻空间穿梭。

实际上，大学头两年，每个学期都有学校安排的考察写生，让我们了解中国现状、历史遗迹与文明史，开阔大家的眼界和思维。圆明园、云冈石窟、大同华严寺、旅顺海滩、烟台崆峒岛……每一次远行回归之后我们都仿佛成熟了许多，一路上的故事是老同学们今天还在演绎的保留节目。

当时我们这些油画系新生和同年入学的第一届油画进修班的"老同学"们常常互相串画室看画交流，或在食堂和这些成熟的哥们围坐一起听他们侃大山，讲一些个人经历和见闻。印象最深的是我们二年级的老师王征华，刚刚从意大利回国，他在欧洲拍了大量的幻灯片，有博物馆里的油画藏品，还有欧洲大小城市和田园风光，片子多到需要办三次讲座，连续三天爆满。这是我们第一次直观地看到欧洲博物馆里的作品和欧洲的城市面貌，大开眼界。

80 年代初期有两个饥饿感——填不饱的肚子和填不满的求知欲，那是一个吃不饱的年代。

80 代初在美院学习过的同学都会对周末的舞会津津乐道。当年定期在美院教师食堂举办的舞会在北京各大院校里都是比较有名的。每到舞会开始之际，你会看到许多外校的学生等着美院的熟人带进舞场，不然会被拒之门外。舞会常常伴有现场的架子鼓和乐队伴奏，曲调大多是七八十年代的欧美流行音乐，这在当时是很前卫的，很多好的音乐磁带被复制和传递。也是从那个时候开始，我喜欢上了爵士乐、布鲁斯，也学会了喝酒吸烟，满头长发不修边幅。

除了周末的迪斯科舞会，每年一次的新年化装舞会也是非常吸引大家的活动。1984 年元旦，同样是在这个食堂举办了第一次化装舞会，我跑到学校材料室借了一身给模特儿用的服装，化装成一位陕北胖妇，同学们把几个枕头都塞进了衣服里，据说不仅肉感而且还很有结构。最终得了一等奖，奖励了一块当时非常少见的电子手表。

美术史系高我一届的温普林一直筹划着在美院排一场自导的话剧，找了几位在校同学参加他重新改编的话剧《茶馆》，让我演提鸟笼子的“松二爷”。排练时间其实并不宽裕，演出时听到漆黑的台下笑声和掌声不断，大家都兴奋无比。院领导也非常支持我们，这之后顺理成章地成立了央美自己的剧社。温普林还去找了一个东北的投资人。大家开始想把实验话剧再上一个台阶，几乎所有的课余时间大家都在一起对台词，练现代舞蹈，谈布莱希特。知道的还好，不了解的以为我们都改行搞戏剧了。第二部戏温导锁定了陀思妥耶夫斯基的《舅舅的梦》。为了强大阵容，还专门邀请了北京青年京剧院的台柱郑子茹和中央戏剧学院、中央音乐学院的同学参与。这次我和同学郭力反串两个宫廷贵族夫人。这应该是 80 年代最早开始的对实验性话剧语言的探索，不仅把布莱希特现代派话剧和中国京剧的理念结合，同时把我们在造型艺术方面的优势发挥出来，还融入现代舞蹈、现代音乐和抽象的舞台布景等元素。

这些课外活动不仅没有耽误我的学业，还让我开阔了视野，拓宽了对艺术理解的思维模式，我的艺术随着年龄的成长也慢慢

1985 年，话剧《舅舅的梦》剧组合影。前排左二为李迪

成熟起来。

1984 年暑假，我没有按预先的计划回北方的家乡，而是留在了北京。美院炎热的天窗画室只有我一个人，感觉很放松地按照自己的感受画了我的第一幅“创作”，画面主体是一位气质超然的女性，微微抬头，目光坚定，这是我一直寻找的一种目光，一种不仅仅属于个人，或许也是这个时代寻求的坚定。我们不会再像 70 年代那样随波逐流，我们需要属于我们自己的选择、态度、疑问、多思与独立。在画法上有意强化对边缘线的处理，简化色彩，明确造型，背景是熟悉的宿舍窗户和一小盆仙人掌，简练的黑棕和深绿色，取名《冷香》。作品画完就参加了美院秋季的年展，获得了学校当年的绘画创作一等奖。之后为了准备 1985 年在中国美术馆举办的“前进中的中国青年美展”，又一鼓作气按照这种感

觉画了第二幅作品《多思的年华》，没想到作品获得了银奖并被中国美术馆收藏。这两件作品在当时国内许多重要的媒体上多次发表过。

随着《多思的年华》的发表和传播，我也认识了更多艺术圈的同仁和朋友。也是从那时开始，常常通过高名潞和其他编辑为美术报写些约稿，还参加了一些艺术研究院的讨论活动，认识了更多的美术研究方面的朋友。

1986 年 4 月，中国美术家协会和油画艺术委员会举办了一次中国油画艺术研讨会，第一次邀请年轻艺术评论家和各地艺术群体代表参加，美院油画系让我作为学生代表参加了讨论。高名潞在会议上发表了关于“85 美术运动”的文章。这次会上大家发言都非常踊跃，会下还在招待所的房间里继续讨论，这应该是 80 年代第一次体制内开放思想的会议。

1985 年，中国美术馆“前进中的中国青年美展”，李迪在自己的获奖作品前

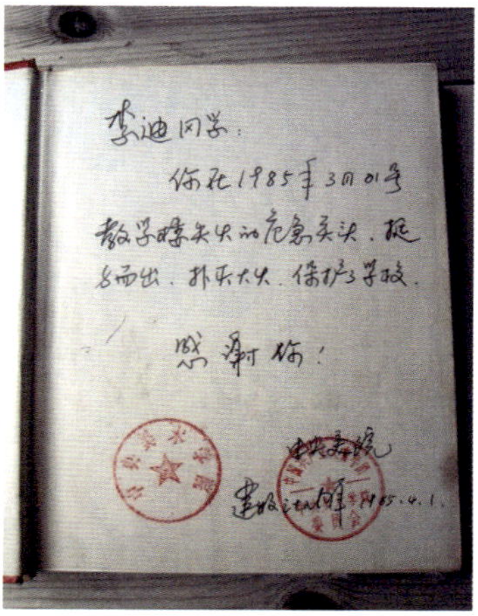

1985 年参加救火的奖励

当时还认识了星星画会的画家马德升。我对他拍摄的一套胡同夜晚摄影幻灯片很感兴趣，邀请他来美院做一个小范围的讲座。讲座安排在一个理论课教室里，还专门为他张贴了海报，准备了幻灯机。那天他穿了一身深蓝色的中山装，可惜来听讲座的只有三四个学生。我看到他有些失望，还是鼓励他把讲座做下去。他一边用幻灯机放照片，一边用砖头录音机给这套幻灯片手动配乐。这就是我看到的最早的综合媒体演示，尽管在过程中录音机和幻灯机常常不能配合协调。讲座之后他还同剩下的两个学生讨论问题，其中一个爱提问的学生就是现在的著名画家刘小东。记得马德升回答问题的时候最爱做的动作是用宽厚的手掌激动地拍自己的大脑门子。几个月后再次见到马德升，他告诉我他马上要去法国了，而且是准备不再回来了。

1985 年夏天我带着作品获得的奖金和中国美术馆的收藏费，以及美院朱乃正老师写给青海朋友的信件去青海玉树写生。这是一次酝酿很久的长途旅行。我从北京出发，先探访山西各地，再去潼关、西安、兰州、西宁，之后去看塔尔寺，最后一个月住在藏民的黑色藏包里，回北京的途中又去了洛阳龙门石窟。

那年三月份的一天，版画系教室着火了，我们一帮人就拿着脸盆水桶之类的盛水救火，同时打电话给消防队。那一次火扑灭得很及时。为了奖励我们这些救火的同学，学校给每人发了一本粉皮的速写本，我就拿着这本速写本去了青海，在青海高原写下很多自言自语的心灵笔记，在夜晚酥油灯下画了许多草图。白天骑马驰骋在缺氧的草原，夜晚听着藏包外野狼的嚎叫，看着炉子里用干牛粪点燃的噼噼啪啪燃烧的火焰，仿佛找到了一个能暂时歇息心灵的家，充满了孤独，忘记了时间和外面的世界。这是一次既充满惊险和变数，也满载惊喜和感动的旅行。

80 年代，中国进入了一个人文思想复兴的时代，反思的声音汹涌澎湃。卢梭在《忏悔录》中对自我真实的认知的决心感动着我们这一代人，现在还记得其中的段落："我是独一无二的。我感受到自己的内心，也了解别人。我不同于我所见到的任何人，我敢说，这世界还找不出一个和我类似的人。即使我不比别人好，也至少和他们不同。大自然塑造了我之后，就把所用的模子打碎了。"这种思想在当时是绝对前卫的：做一个独立的人，拥有独立的人格精神。

在毕业的前一年，我和同学刘永刚就商量着去校外租画室了，其实就是想毕业后做不受干扰的独立艺术家。后来我们在一个叫梆子井的村里找到一个有闲置空房的农民谈了价钱，一个月也就是二三十元，但这个钱我确实拿不出来，刘永刚就自己去租了下

1986 年，李迪在毕业答辩中

来。而我在白塔寺厂桥附近，朋友家闲置的四合院里做了临时画室，直到 1985 年秋天我搬进胡同里的“工作室”，才第一次有了自己的简陋空间。

到了冬天开始学如何点蜂窝煤，夜里如何保温。这是一门学问，因为在梆子井的同学因为燃煤不当煤气中毒过，后来还引发了一场大火。而且当时在校生到校外租画室，如果学校知道是不会同意的，虽然现在看来已经是很平常的事情了。

毕业季临近，我的指导教师是韦启美老师，他很喜欢我的作品和尝试，对我支持、爱护有加，我的创作也更加大胆了。为了不让我分配到外地，他主动让我考他的研究生，可惜我的英语太差，没能如愿。系主任闻立鹏先生说，为了我们他已经跑了文化部要求降低英语分数线，但已经无法再降了。毕业创作我画的是青海学生上学的情景，毕业答辩的论文后来部分发表在《美术研究》上。

5 号楼

陈淑霞 / 文

上个世纪，1990 年前后，从某种意义上说，那个时期是个有意思的节点。我们这拨人从学校走出来，理想还没找到方向就蜷缩了回去。“新生代”现象的出现，意味着激情过后回到眼前的苟且中，一句话，就是快速地把自己在现实面前理顺了。从宏观纪事转为关注自己的生活圈子，来得实在又及时。

生活是具体的，1990 年的春夏之间，我挺着大肚子跟着刘庆和住进了校尉胡同 5 号，美院宿舍 5 号楼最东边的一间 12 平方米的房子，在这里等着 6 月份孩子的降临。说是 12 平方米，实际上房子里还堆放着另一位老师出国留下的家具，能用得上的也就是一半空间。

这是座二层的筒子楼，红砖砌成的老房子，看上去很旧但很

1990 年，在美院 5 号楼陈文骥生日聚会上
左起：刘庆和、马晓光、陈文骥、陈淑霞

有质感，一看便知是美院年代久远的见证。室内的地板由实木铺成，没有一个钉子。窗外有几棵大树，顺着树的方向看去，就是美院巴掌大的操场，这里开展着各种球类运动，学生们操练的声音显得好有生气。有比我们早住在这里的王沂东夫妇、朝戈夫妇，还有后来也住在这里的隋建国夫妇。龙力游夫妇和魏小明住在二楼，班主任老师陈文骥和师母马晓光就在我们的对门——毕业留校工作又和老师住在一个楼里，进步已经很快了。

筒子楼的明显特征就是屋内、屋外两重天。房间小，杂物自然堆到楼道，家家门口有一个厨房，炒菜的油烟在楼道里弥漫，楼道熏得黑亮亮的，走过楼道总要侧身，怕台子上的油污蹭身上。每个房间的门口都摆放着一堆鞋子，进屋脱鞋，说明房间里还是很干净的。一楼与二楼之间的楼梯拐弯处有个水龙头，每天做饭时轮流使用，谁家吃什么大家都彼此清楚。20 来户人家共享二层的厕所，大家尽量错峰使用，基本上和睦相处。只有一次事件发生，有位教师家属想把一个男厕所占为己有，引来一片抗议，好在很快平息了。夏天到来，热得难受。门都是开着的，又少了层隐私隔断。早上醒来的第一件事就是端着尿盆到二层厕所，起晚了赶在大家做饭的时候就只能低着头不敢打招呼了。

这楼里总是喜笑颜开的，没听谁抱怨过什么，除了吃喝拉撒以外的文化生活就是看录像和打游戏机。陈文骥老师这人不事声张但热情高涨，在他家见过的客人有杭州的肖峰先生、武汉的朱振庚先生，经常出现的还有吕胜中、马刚、徐冰等人。那段时间里，

1993 年，刘庆和与女儿刘焉陈在 5 号楼前

玩“俄罗斯方块”。1994 年，陈淑霞与女儿刘焉陈在校尉胡同 5 号，美院 5 号楼

脑子里全是俄罗斯方块和打坦克。打坦克很能看出每个人不同的性格。喻红就有耐心，刘小东就会勇往直前，王浩总是躲在安全的胡同里等着机会，气得韦蓉总说：你怎么不出来拦着敌军呢！我呢，最紧张的时候，女儿在肚子里激烈地踹着我的肚子，和我一同沮丧或享受胜利的喜悦，等打完了我才告诉刘庆和，气得他就骂我。孩子降临了，美院对面就是协和医院，生孩子也方便，走着过去，回来坐着自行车就到家了。孩子真是不愁长大，在学校的院子里跑跑颠颠地，很快就能叫陈文骥师爷了，还成了他和马老师的“玩具”。

1995 年，美院大搬迁到西八间房的二厂周转，年轻老师的家也搬到了南湖渠宿舍，从 6 平方米发展到 40 平方米，相当地不适应。

2002 年，陈淑霞在曾经住过的 5 号楼前

总想回到 5 号楼看看，但那里早就不复存在了，据说已经在原址盖建了医院的疗养病房。如今，搬了多次家，但总是忘不了住在美院 5 号楼的那段日子，那个黑乎乎的楼道，那个几平方米的小屋，和那些师友们。

写于 2017 年夏末

投笔从戎

刘庆和 / 文

1987 年 9 月 11 日上午，我排着队在东华门派出所办了结婚登记，下午就戎装出发。作为国画系的新一届研究生，我要参加一年级新生军训了。研究生中找理由请假的不少，就想躲开军训，我倒是觉得短暂的“投笔从戎”也蛮有意思的，二话没说，欣然报名“参军”。坐在大巴上看着妻子陈淑霞挥手的样子，真有了点奔赴前线的气氛。

北京昌平地区的某炮兵团是我们那次军训的地点，练了一整天的站队、正步走，枯燥无味，腿脚已经麻木。终于到了开饭时间，伙食是一盆面条和一小盆炸酱，大家一拥而上，转眼间，像是在澡盆里泡着的那堆面条和那一小盆黑酱就没了。不少同学没吃饱，我站在边上假装有点尊严没上去抢饭，结果饿了一晚上。部队小卖部的陈年饼干一下子卖得很好，但买回来也难以下咽。天黑了，郊区的蚊子还没歇着，叮咬着饥肠辘辘的我。实在睡不着，一个人在操场上溜达，坐在迫击炮台上，找找战场上思念家乡的幻觉，倒也还好。猛地，炮的另一头传来王玉平、申玲同学激烈争论的声音，这个时候我的出现定会尴尬，只好默默地听下去……回到早已熄灯的二十几个人共眠的大宿舍，躺在硬板床上，屋里像是有个老大爷在咳嗽喘息，可四处不见大爷踪影，难道躲到床下了？迷迷糊糊地早晨醒来，说是有同学在附近农田里逮了个刺猬，给它吃得咸了就会整夜地咳嗽，原来是这么一个大爷啊，我说呢！

早上六点钟，刺耳的集合哨声把大家连滚带爬地赶到操场，“一二、一二”地报数，果然有不少同学请着各式各样的假，目的是想多睡会儿。我请的是“例假”，大家一下都醒了，笑得前仰后合，可能教官没听说过这种假，就没批准。

战士们麻利地操作着迫击炮，上炮弹、推进、瞄准，一切就绪了，发令官大声喊着“预备——”“放”字未出口，就听到有人报告：靶场附近发现不明人员！经查实，原来是一位文姓同学正在那里找弹壳呢，也许他心里明白这不是实弹射击。我看到当时的带队教师王水泊吓得脸都绿了。后来也听说了，文同学没能在美院继续读下去，有些可惜。

1996 年，刘庆和在“二厂”的工作室

一天晚上，全体同学到附近的村子里看无趣的露天电影，看的什么早就不记得了，只记得回营地的路上漆黑一片，深一脚浅一脚地，心情也有些低落。国画系的几个同学给当地的几个小伙子起哄：“傻——X”，结果换来了一顿暴揍，其中一位高姓同学被送到医院，几乎全身缠了绷带。武艺同学杀出一条血路却跑到了相反的方向，反倒逃掉一劫. 这个段子后来被演绎出了多个版本，多年过去了细节越来越多，总能让大伙笑到半死。

女同学那边也不消停，据说有位女同学临睡前端着一盆洗脚水出门左拐就泼到盥洗室了，只听里面一片破口大骂，原来是多走了一个门，泼到带队老师屋里了，转天当然是没一个人认账。更有传说，有女同学半夜里披着白床单，在岗哨面前游荡，搞得部队经常换岗，虽然传说具体且有名有姓，但我们都不太相信，

1998 年摄。左起：申玲、王玉平、刘庆和、喻红、刘小东

认准了是不三不四的人假借我们同学的名义，毁坏我们的名声。

军训强度加大，伙食越发不好，终于有一天夜里操场上扔了一地的碎酒瓶子，问题像是有点严重，可法不责众，没法破案。好在当天下午，美院就拉来了补给，主副食的一车，还有部队首长、学校领导讲话，军心一下子就稳定了下来。美术史系的诸迪同学当年就在伙房里帮厨，还受到了表扬。此后的军营里呈现了一片军民鱼水情，以致临别时竟然有女生哭出声来，完全是难舍难分的景象。我们像复员一样离开军营，回到坐落在王府井的美院，学生们一下子就投入到足球场上，军旅生活结束得也挺快。

多年过去，美院的新生入学后的第一件事，仍然是军训。无论距离远近、时间长短、艰苦与否，都是美院学生生活当中必不可少又难以忘怀的大事。虽然记录下来的大都是这些“坏人坏事”，可就是那么生动地刻在日后的学习生活里了。1987 年的那次军训，故事已经够多的了，那些有故事的人至今还在制造事件。在今天的当代艺术大事记里，有不少同学都成了重量级的人物。

写于 2017 年夏末

那些年，我在美院的日子

王中 / 文

那时候的美院是这样的一种状态，跟普通学校的氛围完全不同，像是一个散漫社区。融洽的师生关系，自由的艺术氛围，很少有人为的干扰，使得创造力和灵感像种子一样在这里随机生根发芽，成就了中国当代艺术的一批中坚力量。很多很小的事恰恰反映了美院的那种先锋精神。那时候虽然没有特别明确的教育观点，但正是这种自觉性成为培养美院人创造力的根基。今天硅谷这样的世界一流科技创新社区，也在大力营造这样的自由环境，我们的美院可以算是“领先硅谷二十年”。

美院人与小动物

1983 年，我进入雕塑系在第三工作室学习。那时候学生人数很少，三、四、五年级都在一个工作室里上课，加起来也就是十个学生左右。教室里有同学们养的乌龟和鱼，还有一只名叫“小贱人”的猴子。它是一个同学下乡写生带回来的，很受大家的宠爱。

当时第三工作室的主任是留苏回来的董祖诒先生。他非常平易近人，跟同学们亦师亦友。大四那年我得了肝炎，在家里养病，董先生还专门从王府井坐车到车公庄去看望我。这种对学生真挚的情感，使我们的师生关系已经不仅仅是教与学的关系，而是情同父子一般。

可就连这么一位平易近人的先生当时都觉得在教室养猴子太过分，劝诫我们：“全世界哪个学校的教室里能养猴子？艺术是需要师法自然，大家在教室养点小动物也就罢了，猴子是不可以在教室养的。”同学们不舍得把猴子送走，对董先生说：“养猴子可以帮助我们了解灵长类动物的习性，有助于我们做雕塑，而且这只猴子非常乖巧，要不您抱抱它？”这只猴子非常有灵性，它可能看出董先生不太喜欢它，搂着董先生的脖子就开始撒娇，表现得十分可爱。董先生本来就是很慈爱的人，这时候也心软了，不自觉地开始给小猴子捋毛，说：“这猴子还是挺可爱的嘛！这样吧，

董祖诒先生和学生们

只要猴子不闹、不惹事，我也就睁一只眼闭一只眼了。”“小贱人”就这样获得了在教室的居住权。

“小贱人”是只极聪明的猴子，特别会讨大家喜欢。外系的学生得知我们工作室养了一只猴子，时常会带一些香蕉、花生过来，每天把它喂得很饱。一天，一个油画系的学生拿了根香蕉来喂“小贱人”，“小贱人”已经饱得吃不下了。这名同学就凶神恶煞地威胁它吃，迫于他的淫威，“小贱人”只能双手接过香蕉开始剥皮。那名同学特得意，转身向别的同学炫耀说：“看，它吃了吧！”谁知猴子趁他不注意，就把香蕉“啪”地往地上一扔。对于打过它的同学，“小贱人”也会记仇，伺机进行报复，有一次还偷偷往打他的同学的鞋子上抹屎。“小贱人”给我们的大学生活带来了很多乐趣。

当时，中央美院的副院长是侯一民先生。侯先生不仅是大艺术家、名师，新中国成立前还当过地下党，怀里揣过“撸子”（旧

拜访侯一民先生

时对手枪的别称）。当时史论系的同学温普林偷偷在学校养了一条狗，有一天遛狗的时候远远看见侯先生走过来，就想赶紧藏起来，没料到还是没逃过先生法眼。温普林心里已经做好挨批评的准备，没想到侯先生却笑着说道：“藏什么藏，就你这狗还好意思藏，你去看看我养的那狗！”侯一民先生特别喜欢动物，退休后在门头沟的住处那里养了不少大狗和孔雀。

这些在今天看来有些出格的事，美院的先生们都能用如此宽容的态度来对待学生。这种态度实际上保护了美院学生那种自由生长的艺术精神和创造力，这也是美院成为一所非常具有人文精神的学校的原因之一吧！

下乡写生

今天的学生很少能有机会跟美院老师“坦诚相见”。但我上学那会儿，师生们都在一个公共浴室里洗澡，每四个淋浴头之间有一个挡板。有一次，我在澡堂碰到一位刚刚参加工作的年轻老师，我很随意地说：“老王啊，今年你怎么不带我们下乡？让曹先生（雕塑系主任曹春生先生）带真没劲，还是你带我们好玩。”突然，从边上的隔板后面闪出来一个脑袋，仔细一看，正是曹先生。曹先生非但没有生气，还看着我笑道：“我带你们就不好玩啦？一样的嘛！”那时候师生之间经常会开点玩笑，比如说愚人节的时候重点骗几个学生说曹先生找，闹出很多乌龙。

后来我留校教学，也开始带学生下乡。有一年下乡，带了王伟、瞿广慈他们班到山西平遥双林寺写生，在寺里临摹古代泥塑。泥塑用泥非常有讲究，这种泥得按一定比例掺入棉花、稻草、沙子，阴干后可以保证多年不裂。课余时间，我为班里的男生做了弹弓，还发挥自己的雕塑基本功，用掺着沙子、棉花的泥搓出非常圆的子弹，也很结实。只要每个男生都打到鸟了，我就请全体同学去老乡家杀鸡吃。因为下乡的伙食很差，没有油水，每天都是擦圪蚪（山西特有的一种面食）拌点炒西葫芦，连班里最瘦小的女生都能吃两大碗。

很快，男生们都有了战利品，打到鸟了，唯独一个男生一只鸟也没有打到。班里改善伙食的责任一下子落在他身上，每每吃饭的时候都会被同学们埋怨嘲笑。终于有一天，这个男同学拿着一只死鸟喊着："打着啦！打着啦！"于是我兑现诺言，大家一起去老乡家里抓鸡。没想到村里的鸡会飞，同学们满村抓鸡，闹得鸡飞狗跳才抓了一只，赶紧让老乡给杀了炖好。过了几天，寺庙里的工作人员找到我说：你们的一个男学生搬梯子掏鸟窝，把鸟摔死了。二十多年后，我在某次活动上见着这位同学，他还在申辩他的那只鸟绝对不是摔死的，是自己打着的。

下乡是美院非常有意思的传统。那时候学生满处窜，全国哪

1985 年，王中在双林寺临摹塑像

儿都去。拿着盖着章的中央美术学院红头介绍信，不少村里都以为是中央来人了。有一次，我们雕塑系和壁画系学生到甘肃天水麦积山石窟写生，地方偏僻荒凉。同学们住在管委会提供的宿舍，去上公共厕所需要穿过一条三百米长的羊肠小道。当地人劝告我们晚上不要独自出去，因为林子里有狼和熊。我和几个男同学就想搞个恶作剧，吓唬一下同班的女生。我们几个商量好，躲在路边的灌木丛里趁天黑跳出来吓唬上厕所的女同学。等了一会儿，有四个女生走近了我们的藏匿地点，我晃了一下灌木，女生们瞬间警觉起来，接着我又大晃了几下。只见这四人立马嚎叫着飞奔，都是健将级的速度，八只脚跟马蹄子一样利落。我们几个哈哈大笑，四个女生惊魂落魄地望着我们。事后，我们问她们怎么能跑那么快，最瘦小的那个说："要真是狼的话，吃的肯定是我。"

杀鸡理论家

当时美院雕塑系的主任是钱绍武先生。这位老师非常有意思，上到中央的，下到看大门的，他都能交到特别好的朋友。美院有个好传统，从来不媚上欺下，对于做卫生、保卫、后勤的工友都特别尊重。

当时物质条件差，钱绍武先生认识顺义养鸡场的场长，通过关系从顺义拉了一车绑着腿的活鸡，在雕塑系工作室的地上铺了一片。钱先生说今年过节，每个老师领两只鸡，大家都很高兴，集体鼓掌。但大家高兴之余也有点疑惑，盛杨先生的夫人陈桂轮老师就说："钱老啊，首先特别感谢您弄来这些鸡，您真是有本事，大家都很高兴。但这是活鸡，我们谁也不敢杀，要怎么拾掇啊？"

钱先生平时做任何事都有一套理论，号称"理论家"，这时就回答说："杀鸡也是有学问的，我可以给大家表演一个完整流程。首先挑鸡就有学问，挑鸡要过六关。"哪六关呢？钱先生在那堆鸡里面找了一会儿，找到一只他认为比较好的鸡，就倒吊着提溜起来逐条解说：第一关是鸡倒提着的时候，脖子要成 35 度角向上抬起，这样的鸡有活力，垂着脖子的鸡没活力，角度挑起太大了也不行，是疯鸡。第二关，摸鸡冠子，要柔软、均匀，不能有病灶，鸡的病灶在冠子上能摸出来，里面有颗粒就是有病灶。第三关，仔细观察鸡爪子的鳞片，要均匀，起伏不突兀，用雕塑的术语来说就是要像薄浮雕，这样的鸡肉嫩。第四关，把鸡翅膀对着灯管打开，透光看鸡翅膀下面的羽毛，羽毛要丰满密实，有缺损的就是缺钙。第五关，摸鸡大腿的肌肉，看哪里肌肉更强，一定要股内肌发达。股内肌也是雕塑的术语，就是大腿内侧的肌肉。因为鸡刨食的习惯是从里往外刨，刨食多，股内肌就发达。至于股外肌发达的鸡，一定是总被别的鸡打败，追得落荒而逃，股外肌才发达。说到第六关，钱先生对着鸡屁股一吹，说："你们看，鸡屁股里的毛也要干净、均匀。"这样六关都过了，就符合优质鸡的标准。

大家听得叹为观止，又问：该怎么杀鸡呢？钱先生说，杀鸡就更有学问了。首先，褪鸡毛的热水，温度是很讲究的，要严格控制在 86.5℃，水太热了就把鸡皮伤着了，太凉了毛褪不干净。听到这儿大伙儿赶紧去准备热水。然后钱先生又说，杀鸡也要讲人道主义，要了解鸡的性格。先把它右边的膀子掰过来，把它的头压住，再把左边的膀子掰过来，这样的姿势鸡不会挣扎。之后一刀下去，气管和血管要同时两断。不然只切了血管，血都放完了，鸡还没死，不人道。只切气管，血放不出来也不行。

当时教室里条件有限，就有人拿了饭盆准备接鸡血，水也烧好了，我们用温度计和凉水按 86.5℃的标准调好，却忽然发现工作室里没有刀。我那时候喜欢玩刀，买了一把很贵的日本产多用裁纸刀，就问钱先生这个刀可不可以。这个刀特别锋利，我拿了一张纸张，悬空起来用刀裁，简直跟切面条一样。钱先生高兴极了，说："太好了！这个刀太快了！太人道了！"

这下万事俱备了，钱先生下刀之前又说："你们看这只鸡能放多少血？"一位老先生说："这么大的饭盆，一只鸡的血能把盆底淹没了就不错了。"钱先生说："那是你们的鸡，我挑的鸡是鸡中'刘易斯'，比一般的鸡血多一倍。"刘易斯是当时著名的田径运动员，在奥运会和世界锦标赛上拿了 17 块金牌。说时迟那时快，钱先生动作非常麻利，大家都还没看清，鸡就已经开始放血了。当时大家都非常惊讶，鸦雀无声，平常鸡放血都是滴落，这只几乎是在喷血。大伙儿就开始鼓掌了，都说钱先生这个鸡挑得就是水平不一样，最后放出来的血得有 5 毫米深。钱先生非常潇洒地把鸡往准备好的热水桶里一扔，结果鸡忽然挣扎起来飞到了雕塑架子上。大家掌声更热烈了——放了那么多血，居然还能飞起来，果然是钱先生挑的鸡！钱先生是神人！钱先生特别得意，说："它 10 秒钟之内就要倒下了。"大家就一块儿喊倒计时："10、9、8、7……"结果刚数完，鸡"秃噜"一声就飞到另外一个架子上。这会儿大家已经不能用惊讶来形容了，连钱先生也觉得不对了，这只鸡流了这么多血，还能飞来飞去？大家不由自主地扭头看着钱先生，这才发现钱先生的大拇指上划了个一寸长的大口子，还在滴着血呢！原来刚才一刀下去，鸡毫发无损，是钱先生手指头划了个口子……

杀鸡是件小事，但是居然被钱先生搞出这么多理论，还有这么戏剧化的过程。那时美院的先生们就是这么有意思、没架子，大家伙儿的关系也非常轻松随意。

青春热血，球场风云

美院在王府井校尉胡同5号老校区的时候，只有一个很小的操场，其实就是两个水泥地面篮球场。但就是这个硬件条件非常差的小操场，几乎成为中央美院校园的灵魂舞台。当时美院的第一运动毫无疑问是足球，而且美院的足球队在艺术学院的足球联赛里一直都是前三名。那时候男生几乎都踢球，分甲、乙、丙三个队。甲级队上场踢球的时候，乙、丙队肯定得在边上看着，非常自觉。甲级队不踢了，乙级队再上去踢。各系的足球比赛，简直就是美院的节日，不光学生积极参与，老师也都拿着饭盆在旁边敲打助威。操场旁边就是宿舍楼，比赛时所有朝着操场的宿舍窗户全部打开，窗台挂着手纸卷、床单，打着条幅，宿舍二层有个平台，美院的摇滚乐队就把架子鼓摆在那个平台上现场表演，氛围非常热烈。

球场上有很多趣事。我的同学张路江，至今都是中央美院田径比赛百米短跑纪录保持者，跑步速度非常快，能过人之后一脚射门。当时设施简陋，是用篮球架子充当球门，因为学校里经常修缮，篮球架子后面堆了很多砖垛，每个砖垛之间的缝隙不到30厘米。张路江奔跑的速度非常快，一脚打门之后刹不住了，一直冲过篮球架子，到了砖垛，之后人就没了。人能到哪里去呢？砖垛缝隙只有30厘米，又不可能跳过去，结果过了一会儿张路江从砖垛后面绕了出来，果然是因为奔跑的冲劲儿从缝里蹭过去了，因为踢球都光着膀子，蹭得一身都是血。

当年活跃在美院足球操场上的同学，如今很多已经享誉国际。足球队的几个主力，张路江如今是美院造型学院基础部主任，姚鸣京现任中国画学院副院长，余丁任艺术管理与教育学院院长，侯瀚如是国际知名策展人，刘小东是著名画家，我也当了城市设计学院院长。在艺术学校的田径联赛里，代表美院跳远的三个选手分别是刘小东、方力钧和我。那会儿美院真是可以算是“德、智、体”全面发展。

百年沧桑话美院

美院一直有元旦晚会的传统。学生自编自演，节目很丰富，可以持续六个小时，院长老师们都坐在下面一起看。有一次学生甚至扮演了靳尚谊先生，道具服装就是直接找靳院长本人借的。美院的学生善于观察生活，并且能转化成具有创造力的表现形式，节目质量很高。

1995 年到 2001 年，美院在无线电二厂中转办学，后来被称作“二厂时期”，其中 1998 年是美院建校 80 周年校庆。当年的元旦晚会上，雕塑系的师生编排了话剧《百年沧桑话美院》，讲述中央美院近百年的历史，包含各个时期的重要人物以及种种趣事，引起了轰动。话剧中有一段是演 1979 年袁运生老师为首都国际机场创作的著名壁画《泼水节——生命的赞歌》，这个壁画当时很有争议。话剧里演了华国锋前去视察。后来这幅壁画被保留下来。演出时袁先生就在台下看着，很让人感慨。现在的美院党委副书记王少军当时演了江泽民，可以算是全国第一个扮演江泽民的演员，演得惟妙惟肖。饰演周恩来的是我的同班同学段卫方，排练阶段他每天对着镜子，参考照片模仿。这个是形体功夫，搞雕塑出身的人，绝对看得太准、做得太像了。他投入到什么程度呢？周总理的右臂因伤不能伸展，段卫方演出结束都十几天了，去厕所解手他还在下意识地模仿那个胳膊有伤的状态，只用一只手提裤子，真是“入戏”太深。

当时同学们对《百年沧桑话美院》这出话剧投入了很大的心力，效果也非常精彩。据说演出录像带还被中央戏剧学院的老师拿到课堂上播放，跟学生说：“你们看看中央美院业余的都能演得这么好。”从中也可以看出当时师生们对未来中央美院百年纪念的真切期待。

总而言之，三十年前我在美院的求学，真是非常美好的一段经历。那个时候没有教学大纲，没有测评，甚至很多老师没有教案，但是仍然培育了很多优秀人才。美院上上下下有一种非常轻

1998 年，话剧《百年沧桑话美院》演出剧照

松自由、极富创造力和想象力的氛围。现在一些前沿的科技社区和教育机构也在致力于营造这种有“后现代”意味的管理方式和创造环境。所以美院当时的理念是大大超前于时代的，极具传奇性。我很怀念那时的美院，也很期待有百年历史的美院，未来能有更多的传奇。

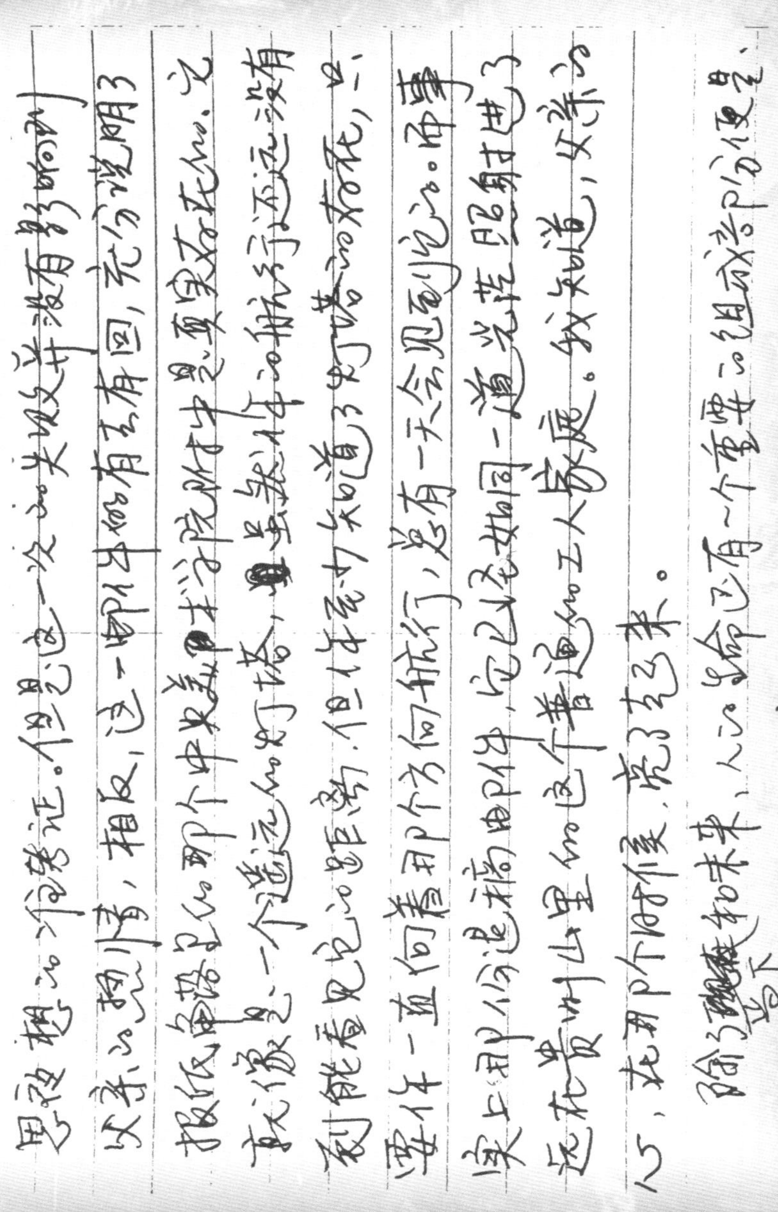
思政想的准考证。但是这一次的失败并没有影响到
父亲的热情，相反，这一邮件的有去有回，充分说明了
报纸角落里的那个中央美术学院附中是真实存在的。它
就像是一个遥远的灯塔，虽然你的航行还远远没有
到能看见它的距离，但你至少知道了灯塔的存在，只
要你一直向着那个方向航行，总有一天会见到它的。而事
实上那份退稿邮件，它已经如同一道光芒照射进了
远在贵州山里的这个普通的工人家庭。我知道，父亲的
心，在那个时候，亮了起来。
除了当下和未来，人的生命还有一个重要的组成部分便是，

王小帅《记忆如初恋——写给中央美院附中》手稿节选

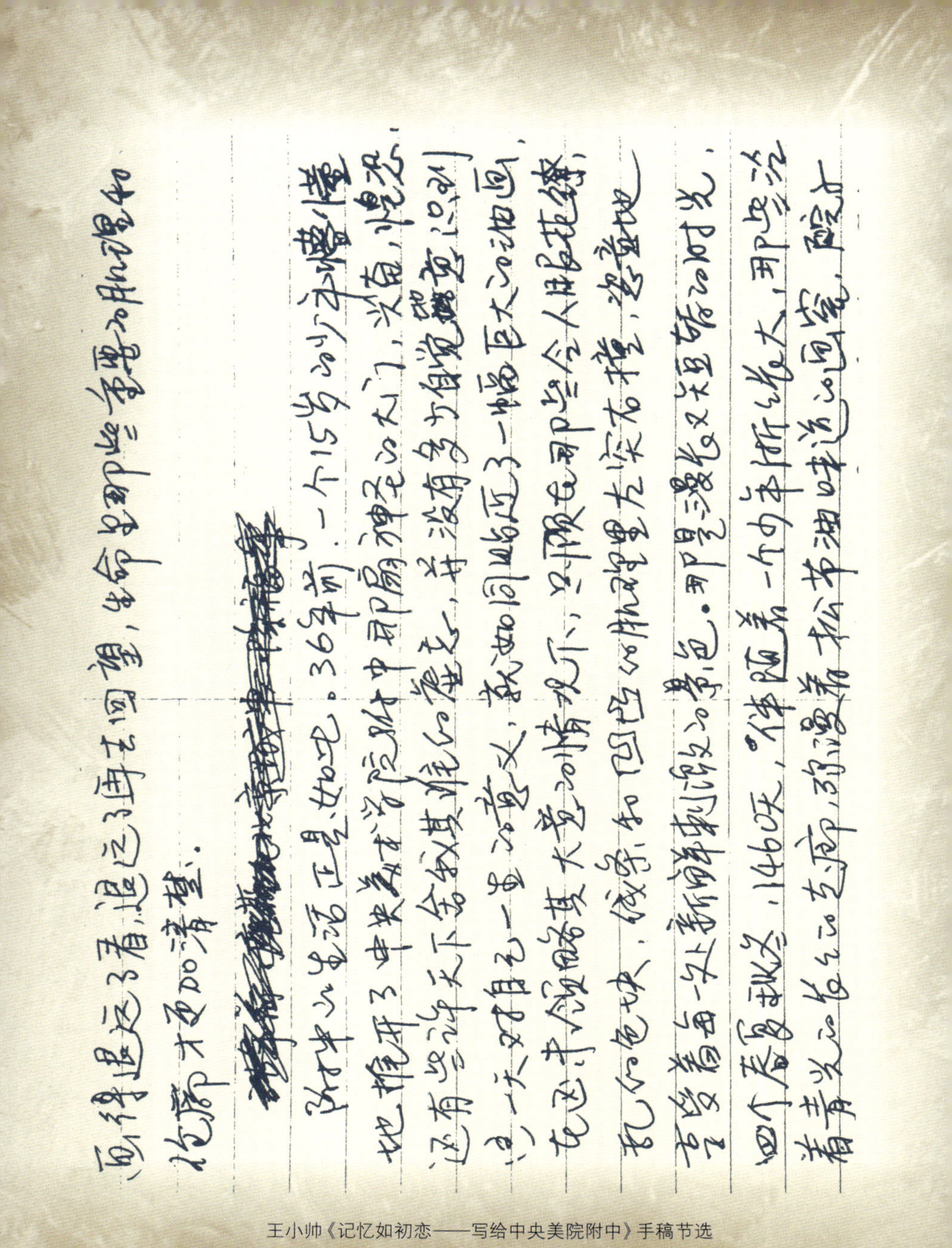
画得很远了看，退远了再去回望，生命里那些重要的肌理和轮廓才更加清楚。

附中的生活正是如此。36年前，一个15岁的少年懵懂地推开了中央美术学院附中那扇神圣的大门，兴奋、惶恐，还有些许天下舍我其谁的雄志，并没有多少自觉意识到这一天对自己一生的意义，就如同贴近了一幅巨大的油画，在还未领略其大意的情况下，只顾在那些令人眼花缭乱的色块、线条和凹凸的肌理里左突右撞，急急地享受着每一处新鲜刺激的景色。那是漫长又短暂的时光，四个春夏秋冬，1460天，伴随着一个少年渐渐长大，那些泛着青光的长长的走廊，弥漫着松节油味道的画室，院子

王小帅《记忆如初恋——写给中央美院附中》手稿节选

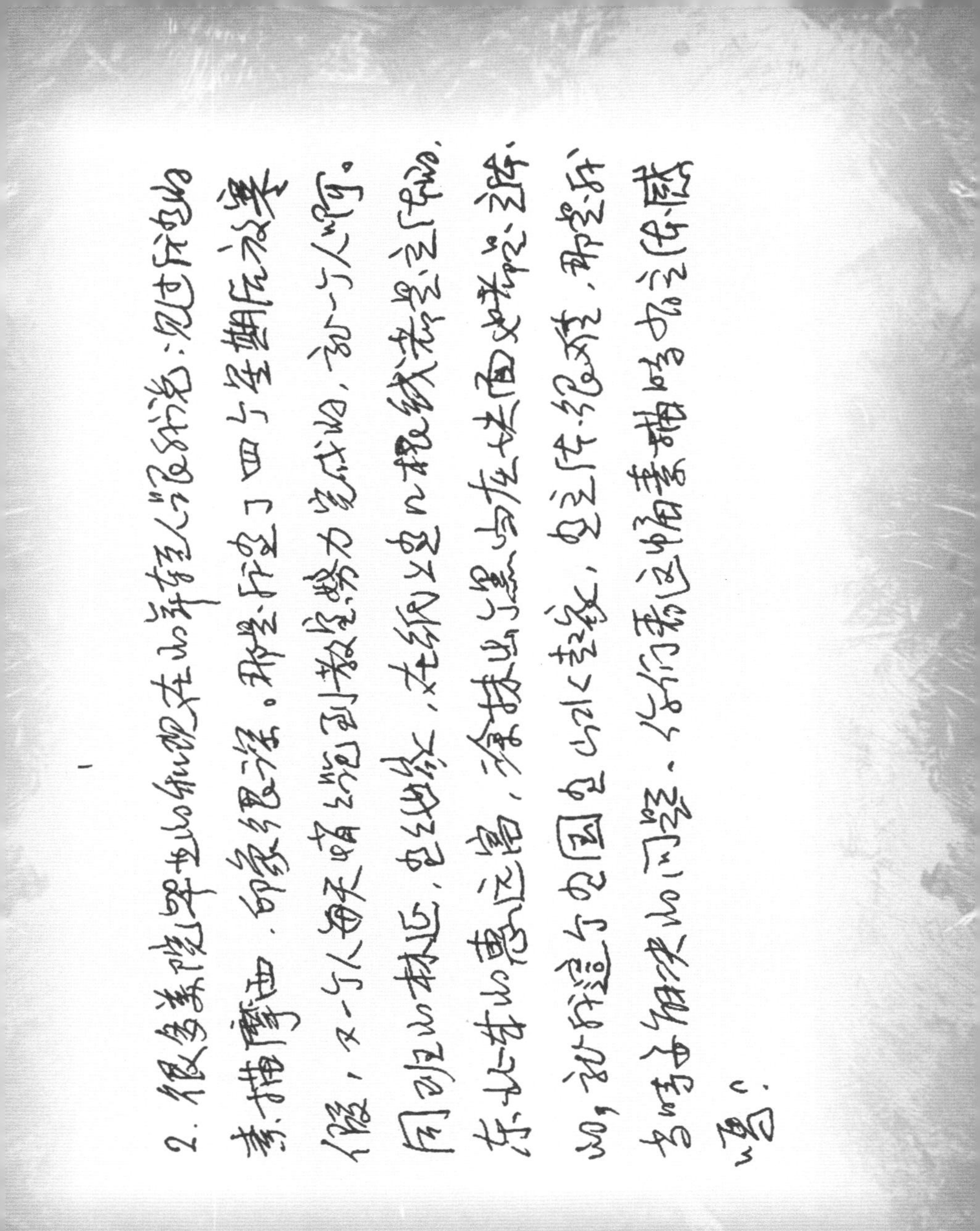
2. 很多美院毕业的和现在的年轻人跟我说：见过我画的素描摩西，印象很深。那是我进了四个星期后放寒假，又一个人每天悄悄地跑到教室努力完成的，就一个人啊。同班的林延，画得出众，在纸上画几根线都是立体的，东北来的惠远富，涂抹出个黑的在块面也都是立体的，就我这个画国画的小孩子，画立体很难，那是我当时要解决的问题。你们看这幅素描时有立体感吗？

韦佳《片言只语（1980—1984）》手稿节选

脆。在校外，我们走遍中国的犄角旮旯，去体验本来并不属于我们的生活，开学后各自炫耀在路上的艳遇。我自己也因为利比多的过剩，1984年组织成立了"中美剧社"，排演了荒诞版《茶馆》，1985年联合八大艺术院校的同道，成立了中国大学生艺术团，1987年举办了温普林艺术展，1988年拍摄大地震带领一千多人去包扎了长城，1989年记录现代艺术大展……

虽然在85年我已经毕业离校，可是整个八十年代我的精神没有一天离开过校尉胡同5号，我有幸参与，见证，记录了整个八十年代发生在校尉胡同5号校园之内的诸多欢乐场面。如今，校尉胡同5号已无迹可循，昔日的王府井也面目全非，鸽哨不再回荡，乌鸦也不知何处落脚。

温普林《无题》手稿节选

80 年代的一次法国艺术青年闹美院

展望 / 文

有些事情如果不提也就渐渐忘记了。想当年正是“85 美术新潮”起步的时候，中央美院曾经有一次很有意思的活动，让我们这些没出过国的美院学生领教了什么是西方的当代艺术青年。

那个活动的具体时间我不记得了，我是这样推算的：我 1983 年 9 月入学，一年后患急性肝炎住院三个月，之后在家休息半年，复学时已经到了暑假，同学们大部分去外地玩了，我因为身体原因在美院休假，正好赶上这个活动。这样算来，时间应该是 1985 年 7 月份。不知当时是什么原因，经使馆介绍，有一个法国青年艺术学生代表团要来北京交流办展，他们选中了中央美术学院。那时候中央美术学院还在王府井的校尉胡同 5 号，老北京的市中心，故宫的邻居，北京最重要的文化一条街的重要一景。代表团由中央美院团委负责接待，那时的团委书记是朱书记（好像是美院附中毕业的）。我认识他是因为一年级的时候我负责每月一期的学生会壁报，他是壁报的直接领导。印象最深的是，有一次他硬把他画的几张团委组织学生去工厂学工的速写插进壁报的中央。这次他代表美院团委，邀请我们还在美院的少量学生和他一起参加被他视为体现中法友谊的艺术外交活动，并为此做了很好的准备和活动安排。

听说这些法国学生是坐火车来的，从巴黎途径西伯利亚直达北京，那时的我很难想象这是什么概念，绕那么一个大圈，坐一个多星期的火车？不管怎样，我们如期在美院操场见到了这些法国青年学生，这些人有着各种颜色的头发，有的长得很漂亮，有的长得很怪，有的穿得破烂吧唧，有的奇装异服，混杂在一起，总之在那个时代看着很新鲜。记得我们的欢迎会是在美院食堂开的，好像那时什么活动都是在食堂搞！墙上有已赴美国留学的壁画研究生刘虹留下的壁画——当年，在除了首都机场壁画之外的地方画壁画是很高级别的装饰。这是一个让我印象深刻的欢迎会，先是朱书记昂着他的标准的国字脸，一本正经地致欢迎词，无非是些陈词滥调的套话，什么中法友谊呀，青年人是未来什么的，言罢，换上法方代表团长发言，只见他手握麦克风做出一副正式演讲的姿态，但嘴里发出的声音却是：扒拉扒拉扒拉扒拉扒拉扒拉扒拉扒拉扒拉扒拉……然后说，完了！我的天！行为艺术？下面围观的中国学生们先是愣了一下，然后默契地哄然大笑！不自主地斜眼瞟朱书记，心里说，傻了吧，老是说官话，这下被嘲笑了！哈哈！

之后，还没等朱书记宣布友谊交流活动开始，那帮法国学生已经迫不及待地开始喧哗折腾了。有人已经开始在衣服上乱画，开始是一些法国学生往衣服上画一些莫名其妙的符号，受其感染，一个中国学生也开始往一个法国学生穿的白色文化衫上画装饰符号，画着画着就开始直接往身上泼墨了，现场渐渐一片混乱，桌子上甚至有人在倒立……朱书记安排好的程序已经失控，他及时宣布还有法国学生的展览在楼道大家可以看，并且让学生会在操场中央准备了一块巨大的长条白布，希望大家留下墨宝。于是人群开始往外面散，大家来到刚在地上铺好的长条布上准备画画。

朱书记一开始想让中法学生一个一个轮流画，最开始一个美院学生试图画一些花鸟，后来觉得不合适，另一个学生过来改画装饰画，轮到法国学生则开始涂鸦，他们不是用笔，而是用一种类似罐喷漆的东西，画得很快但无须笔法。后来大家试着画抽象画，随着中法学生沟通越来越多，大家越画越兴奋，刚才那个倒立者这时干脆用手沾满颜色在画布上倒立行走，一边“走”一边画，最后大家用各种招数画满画布。不知道这块“墨宝”如今还在不在美院。

这时大家开始四处参观游走，很多法国学生已经散落在美院的各个角落创作或瞎搞，做什么的都有！记得有一组是在楼梯的拐角处，一个穿着大背心的家伙往一块大木板上均匀地平涂一种很漂亮的蓝色涂料，现在回忆起来有点像法国艺术大师克莱因的蓝。前面一个家伙背对着他，在地上一个录音机的音乐伴奏下表演奇怪的舞蹈，一只手揪着耳朵歪着脑袋，另一只手和双脚做着抽筋似的动作，显然他们是想让大家看这个非常规舞蹈与背后刷颜色的过程之间的关系。那一刹那我的感觉是他们并非全是胡来，好像有点说不清道不明的道道儿。还有一些我不记得了，总之在画布上乱划乱画已经都不新鲜了，各种稀奇古怪的想法开始出现，说整个学校开始群魔乱舞也不为过。大家慢慢地玩在一起，疯在一起。这时我开始细细观看楼道里挂着的他们的画作，各种好玩的抽象具象画，什么都有，记得比较清楚的是一系列写实漫画，那上面画的是一群中国人围在一起吃虫子，桌子上摆了很多盘子，每个盘子里的虫子品种还不一样，大家津津乐道的样子，吃得嘻嘻哈哈，但人都是留着辫子的。这一点我记得很清楚，心想，他们对中国人的认识还是清朝的大辫子呢！转念一想，这样的画面都可以展出，再加上外面的行为表演，看来我们的团书记还真的是很开化呢！

80 年代，美院还真是个文化的“桃花源”，北京的先锋艺术集聚区，比喻成现在的 798 艺术区也不算过吧！有一则笑话是说美院的门卫大爷都被熏陶出来了，看到奇装异服留长发的进学校管都不管，要是穿正装或西装革履小分头的一定上去盘查。崔健早期的音乐就是当年在美院留学生宿舍练就的。电影《黄土地》也要在美院首映做讲座，加上各种内部电影，北京的文化青年每周要是不去趟美院“过过火”就会觉得自己落伍！美院的宿舍是可以随便住的，当然都是艺术圈的青年，因为你先要成为艺术系学生的朋友。从 80 年代初到末期，无论是后来混出来的还是没混出来的文艺青年，或多或少都和美院这个相对自由的“桃花源”有一些关系。

那天活动结束后，朱书记找到我们开了个会，仍然用他那军人般的略显严肃的表情通告我们出了一件大事，原来是一个法国女孩的钱包丢了，里面装有很多钱，问我们怎么办。我们说一定是校外哪个坏蛋干的，因为当时的确有一些是校外学生。这时候法国学生已经坐大巴回住处了，朱书记很郑重地对大家说：今天这个活动呢还是非常有意思的，大家也都很高兴，但丢钱包这件事情还是挺给中国人丢面子的，那个法国女孩下面还有很多天在中国，没有钱怎么继续旅游呢？大家出出主意看怎么办？我们你看看我我看看你，我们能怎么办呢？这时有人开始骂起小偷来了。朱书记说：现在骂也没用，找也是不可能了，我提个建议吧，看大家同意不同意？我们心想，你是团委书记，也是接待的领导，当然是你说咋办就咋办了。这时，书记带着有些感人的口吻说：

我觉得人家不远万里来一次中国不容易，毕竟是在我院丢的钱包，我们大家作为中国人应该负起这个责任，为了表达善意，我建议大家凑点钱送给那个学生。

啊，啊，啊！惊讶吗？不，你想错了，其实大部分学生已经被书记的态度感化了，多数表示愿意凑钱，少数也不愿意装孙子跑掉呀！于是，大家真的凑了不少钱，包好，交给一个学生会的干部，由学校派车亲自送到那些法国学生住的涉外宾馆，记得朱书记还特别交代一定要亲自送到那个女孩的手上。之后，我们大家好似沉浸在一种崇高的感觉当中——我们这里不仅开放，还同时特有人情味。想着都觉得自己很高大，这些法国学生回去后还不知道多感谢我们呢！

到了晚上，那位送钱包的同学回来了，一脸的诡异神情。我们很好奇那些法国人的看法，就开始询问他。记得这位同学悄悄说：我可开眼了！众人更加惊讶好奇。你们知道吗——那位顿了一下，脸上浮现出一种复杂和略带自嘲的口吻笑道：这帮法国人可真开化呀！真是难以想象……快说呀，众人更着急了。这位学生继续说：我走进他们住的楼道，发现他们不分男女地乱住，有的房间门都不关，里面干什么的都有，为了找到她我只得挨着房间问，结果让我很难堪，有的男女不穿衣服躺在一起，有的一堆男女半裸着在一个房间抽烟，甚至撞到了一对男女在做爱……最后，我好不容易找到了那个丢钱包的女生房间，推门一看，她正和一个男生光着身子搂在一起，我赶紧扔下钱就走了！哇！众学生唏嘘呜呼，不知说什么好。我想大家心里应该是五味杂陈，多多少少背后也会觉得书记多事。

人物后续：过了几年，因为立场问题，这位团书记被罢了官，一直做画框为生至今。

2017 年 8 月三伏天

女画家的世界

喻红

“女画家的世界”展厅入口的艺术家介绍。左起：姜雪鹰、陈淑霞、刘丽萍（摄影：周京）

“女画家的世界”参展艺术家在美院楼梯上。左起：姜雪鹰、李辰、韦蓉、喻红、余陈、陈淑霞、宁方倩、刘丽萍（摄影：周京）

1990 年，喻红在“女画家的世界”展，校尉胡同 5 号中央美术学院陈列馆（摄影：刘小东）

此生没有跳出这个院子

刘小东 / 文

从来没有这么费劲。写美院的往事、写美院的情怀，就像写自己的父母、兄弟、姐妹。我离她太近，一时无从谈起，也不愿谈及更多，就像这是我的隐私。

我 17 岁就进了美院附中,那是 1980 年。全国只招 23 名学生，我自以为了不起。扛着行李撞进隆福寺甲 24 号的附中校园，眼前是长发飘飘的帅哥们轻盈地打着篮球，一举一动潇洒孤傲，我忽然觉着像是走错门了，肩上的行李又重又土，无地自容。

我保持着入学前学画时的刻苦劲头,雨中画风景,雪中画枣树，可是同学们已经读书看报大谈政治与国际关系。我偷偷请缨掌管电视房钥匙，专看新闻联播里的国际部分，但还是分不清巴勒斯坦、以色列，分不清谁是好人谁是坏人，分不清谁是我们的敌人，谁是我们的朋友。

学校操场不大，每到冬季就被煤堆占领了一半。我们跳过煤堆去食堂。煤堆的另一边是白菜堆和羊肉堆——因为邻居是菜市场。偷过白菜，偷过羊腿，心里羡慕那些与杜键先生争论新思想的前卫学生。

每年春秋两季下乡，专挑贫穷落后地区，扫大街，住澡堂，吃糠咽菜。

1984 年进入美院，校尉胡同 5 号。操场也不大，煤堆边还有个巨大的锅炉房，经常把见不得人的日记扔进燃烧的锅炉里。每年仍然两季下乡，还是专挑边远贫困地区，比附中时走得远多了。最恨被开发的旅游景点。

就这样，我的青葱 8 年都在北京最发达地段的煤堆旁和全国的偏远农村度过。景观归景观，景观的破烂并不影响院内师生对人生品格、艺术品味的讲究。熏得我到现在还喜欢穷破的知识分子和穷破的地区，好像只有这些旧人旧物的痕迹才能让我生机勃勃。

这还没完。学业完了，我的命运还没有。1988 年，我被王垂先生手拉手拽回附中当老师，还是这个院子。可这回我是绕着煤堆打开水，外面小馆喝啤酒。

每年还是两季下乡，这回是带学生下乡，也专挑贫苦地区，能远则远，根本不考虑学校的担心和麻烦。不过改善了伙食，学生画画，我给他们杀鸡宰羊。

老师辈有的退休，有的过世，有的出国。同事大都是过去的同学了。

这也没完。1995 年我被调到美院油画系当老师，还是校尉胡同 5 号。煤堆仍在，而且扩大了。只是大学生不用每次带下乡，他们走得更远。

后来，美院搬到二厂。二厂也是破旧的，很接老美院地气。雕塑系离操场近，加上都是年轻力壮的青年教师，他们师生打成一片，天天雄霸操场。老隋做的“毛服”也越来越大，占领空地。雕塑系蓬勃发展，一时无二。

再后来美院搬进花家地。气派、规范、正派，深灰建筑，压气。家具门窗也是一片深灰，高雅端庄。只是有时找不着北，找不着教室，得靠打听。老师们没了画室也就见不着面了。操场再也没有煤堆了，美院进入了一个全新的大企业的家庭时代。

老美院变成了新美院，我也从美院的新人儿变成了美院的老人儿。

美院是一个家庭，在这个家庭里是可以互相挑刺的，当然也有小人告密，不满和背后的使绊儿，该有的劣根性都有。但是，一旦有外人说美院不好，美院人就不说话了。尤其那些兴致勃勃崇拜美院而不屈不挠考进美院的人。一旦他们度过几年，养足了肥料，毕业后马上掉屁股骂美院的人，你们要稍稍低调点了。美院人不与你争论，但会发现下一个饭局他们不来了，他们不搭理你了。美院人不怕被孤立，因为心里有一堵墙，这堵墙遮蔽媚俗，遮蔽急功近利，遮蔽不喜欢的人和事。美院人任性。

我在这个任性的校园里度过37年。我在这里恋爱、成婚、生子，迎接同事和学生的新生儿，也常去八宝山送别老先生。还有6年我将在这里退休，也就是说，我一生有效的时间都是在这里度过的。这是我的家，有长有短。说多了都是隐私，说少了不够孝顺。但最想说的是，因为艺术，我理直气壮地在这个院子赖过此生。

这个院子百岁高龄，要做一流的院子、一流的家庭，我想这里应该是打破体制与非体制篱笆的无形的图书馆，所有以此为生的人，所有赞美或者批判的人，都能从中获得养料，从而确立自己的价值观，决策人生。

2017年8月30日

《煤堆和房子》 刘小东 布面油画 50.5cm×59.5cm 1984 年

把教学事故变成教学故事

马路 / 文

把教学事故变成教学故事，有点口述史的意思。正好赶上百年校庆，对外叫“百年辉煌”，我这“事故”的故事就算是给美院的“百年辉煌”做个注脚吧！

教学事故的故事一

1982 年我去德国留学，是奉命去学壁画的。可惜，德国的墙上壁画虽多，美术学院里却没有壁画专业。学壁画的事只有靠自己了，见壁画就拍照留资料，见有关壁画的书就买。

我在汉堡上学。住在学生宿舍对面，看着临街老楼改建，先是露出三、四层的内层，然后看着工人做了保温层、防水层，再涂白色涂料。我每天看着，以为工程到此结束，没想到又打上线格，随后的几天，这面墙不断地变化：先是墙面上画了一扇玻璃窗，然后一只灰白花、十几米高的大猫蹲上了窗台，淡黄色的眼睛瞧着街上来往的奔驰、宝马，之后墙上还出现了汉堡市中心蓝色的阿斯塔湖，有湖畔的棕色教堂为证。

一幅街道壁画的出现，改变了周遭单调的生活气氛，变得幽默且富于幻想。通过视觉元素的影响，让开车的人不觉得累，让行走的人不觉乏味。街道壁画的观众是不分阶层的，展示了最大限度的公共性，用艺术给城市带来朝气。

1984 年底，我回到中央美院在壁画系任教，首先想到的就是把街道壁画的概念引入中国。当时中国的壁画都是殿堂式、室内的、

1984 年，84 级新生郊游。左起第一排：谷云瑞、王蓬、刘小东、魏威、李天元；第二排，吴静函、李贵君、陈明、叶舟、石良

为建筑的功能服务的，根本没有街道壁画。为此，我在当时全国壁画大会（具体的名字记不清了）介绍根据资料整理的“欧美街道壁画”。但是，当时在北京的街道上画壁画是根本不可能的，唯一的可能是在中央美院壁画系的教学中实践。

只有我上课的时候，才有机会完成我的想法。帅府园的老美院，壁画系的教室在学校的最北面，平房，走廊不宽敞，堆放杂物和煤块，供冬季取暖。教室对面新建了一排平房，用作教师宿舍和库房（袁运生先生的家就在此处，我本科时常去，回国时，袁先生已去了美国）。新建的房子与教室只有约 5 米的距离。

我向壁画系领导申请新平房的墙面画壁画，并申请些经费。系领导很开通，同意给学生一个实践的机会。给学生的任务其实很简单：用绘画的手段变狭窄的现实空间为虚幻的大空间，变沉闷的色彩为

1985 年，壁画系 84 级在美院工作室外（被涂掉的壁画前）合影
左起：王蓬、李天元、谷云瑞、宁方倩、刘琳琳

活泼、爽朗的色彩，至于题材则以能表达青春活力为宗旨，画他们喜欢的就是了。同学们相互商量，设计出了画稿：金黄色沙滩、蓝天白云、远处的大海、近处的凉伞，还有一个小卖部，窗台上摆着冷饮。我认可了，要求都能达到，画吧！是否有一串脚印走向远方？我忘了。不用做保温和防水层，但是否用石灰膏抹平砖缝，我也忘了。大概用的是油漆吧？那时国内还没有涂料。让他们自在地画吧，不复杂，第二天早上我再来看完成的效果。

第二天，刚到系办公室，就觉得气氛不对。有人告诉我：你组织学生画的室外壁画已经被保卫处拍照存档，壁画已被涂掉，这是个教学事故。我问：为什么？答：就是因为画了一听可口可乐，是歌颂资本主义生活方式。

那时北京街上已经有卖可口可乐的了。

教学事故的故事二

当时在德国，抽象、装置、观念、波普、行为、互动、灯光等艺术形式都有，而新兴的新表现主义表现得最火爆。我关注新表现主义有几个理由：一是，它是当时德国唯一与传统绘画有关的绘画流派；二是，新表现主义及老表现主义与中国传统的写意画有相似的地方；三是，边界宽，吸收的东西多，承载的意义空间大。对于我自己，还有个原因，就是有可能把书法的意味引入其中。我在德国收集的资料也是表现主义与新表现主义居多。

新表现主义之所以诞生在德国，不仅有历史的原因，同时也有时代的针对性，有社会现实的需要。这个首先需要艺术家自身的反

壁画系 83 级师生。左上图李辰。左下图王贻华。右图朱岩

思和批判精神，是具有普遍意义的。因此，作为一个艺术思潮，很快波及西欧、东欧和美国，特别是当时的民主德国和意大利，尽管在各国有各自不同的表现形式和文化态度。

因为是新的信息，又与现实主义绘画有一定的接续关系，当时的绘画界虽不见得都能接受，在某种程度上却是可以理解的，大家都很关注。我在《美术》杂志上曾撰文介绍，在壁画系的教学中，自然会向学生做些解说。特别是我想激励学生在绘画过程中发挥主动性，尝试新的画面效果，而不是被动地描摹对象，从而了解绘画的多样性及其可表达意义的广阔。我愿意用鼓励的方式，用不做限定的方式通过分析去教学，既能增强学生的自信，又能养成思考的习惯，也能让我从学生的探索中看到新的绘画可能。

1985 年，壁画系 85 级古北口写生。左起：蔡东、萧昱、郑玉珂、宋长青

一天，开始新的模特儿肖像写生，这是一堂色彩课。按规矩是先画色彩稿，尝试不同的构图和色调。一位同学说，他想把人脸画成绿色的，问我否可以。我说，可以，只是你要有个理由，视觉的、社会的或者是心理的。视觉的，要探索视觉的规律，色块对比所产生的错觉或是光影形成的补色关系。社会性的色彩隐喻的借用，比如可以用“绿度母”这一佛教形象，这在雍和宫就能看到。心理的，则具有象征性，个人的视觉经验产生的比喻性色彩。如果这个学生要画的绿色是依据心理的，则比其他要难，因为看不到，需要想象力来帮助。当时具体的情况已经记不清了，但按我的习惯通常会做这样的分析。总之最终要把一切不合理变成画面上的合理。

模特写生画出个“绿脸”的人！这在中央美术学院大概是第一次，教室里来了好多老先生，弄得学生们很紧张。这种教学结果一定是太过分，太出格了。有人说要给学生处分，有人说下不为例就算了。最终的处理结果说明，央美还是宽容的，把事故化于无形。

由此也明白了传统的厉害，你不能把德国的一套搬到中国来，硬搬就要出事儿。后来才知道，这其实是有前车之鉴的，只是我不知道。留学民主德国的梁运清先生、罗马尼亚博巴油画训练班的毛凤德先生，都曾试图把自己在国外的所学用于中央美院的教学。

三十年之后再提这些今天看来不算事儿的事儿，只是想说：历史是鲜活的，纵横交错、色彩纷呈。可惜没有这两次事故的证据——这两幅画的照片。

记忆弹出时间舱门

王华祥 / 文

人的记忆是有选择性的，记忆并不由我们的头脑操控，它是有主见的，自有一套它的好恶和逻辑。也可以换个说法：我们的头脑是独立于我们的。我们的身体顶着一个胡思乱想、胡作非为，或是循规蹈矩的脑袋，却不知道它要干什么，以前不知道，现在不知道，将来也不知道。关于校尉胡同这个话题，它告诉我那是20世纪八九十年，整个国家、整个北京、整个美院、整个我这个人，都处在逆反的、压抑的、踌躇满志的“青春期”。刘小东经常在楼道里暴喊一声“× 你妈！”他知道好些人都盯着校花——他的女朋友喻红。路青和王蓬在隔壁用电炉煮饭，吃着吃着就打起来了。我爱做的事情是给同学看手相，下军旗，下得耽误了学习就气急败坏地把棋子从五楼窗户扔下楼去，然后，过了半宿又没出息地把它们捡回来。

这就是我的脑袋让我回忆的帅府园校尉胡同的80年代，我那时最引以为豪的事情是素描画得好和创作了“贵州人”。

2017年9月3日

《贵州人之二》 王华祥 彩色木刻 27.7cm×36.8cm 1988 年

《贵州人之四》 王华祥 彩色木刻 27.7cm×36.8cm 1988 年

过去的事

方力钧 / 文

1985 年 9 月，我进入中央美术学院版画系学习。美院的生活是一个新的广阔天地，这儿的信息量绝对不同于我在唐山和邯郸读书的时候。美院校园里满世界都是自己崇敬的老师、名画家。美术馆和美院陈列馆不断有各种画展。这时候开始也接触到很多的西方艺术的印刷品展览，像凡·高、毕加索、德里蒙特、麦绥莱勒、柯勒惠支、肯特、丢勒、门采尔等等。

库雪明还带我去见了北京一帮自由艺术家：林春岩、迟耐等，吃喝、朗诵诗歌、撒酒疯，这些人是最早的职业艺术家。他们能够出卖自己的作品，一幅作品换两三百块外汇券。

在学习上，到我们这一届恰好提出了教学改革。教学改革实际上没有具体的计划、方案，只是认定老的一套不行，搞得那些老教师就没有办法上课了，只有年轻老师还可以来上课。比如谭平，和我年龄差不多，他就没有架子，没有什么历史包袱。那些老教师来教课，有时候学生把门锁上，听崔健的歌曲，放得很大声，假装听不见老师的声音。老先生气得就不来了，好长时间完全放任自流。

学校的政治课总也引不起学生的兴趣，不知是先生们的发明还是校方或学生们的提示，于是就有了堂而皇之的“校外政治课”的名目。大轿车载着同学们到他们喜欢的地方去，那里自然会有使人大受教育的故事，圆明园就是其一。讲解员是政治老师特请的，他相貌平常，嗓音一般，但熟知圆明园历史而且讲解连贯，自视颇高的大学生居然全部围着他静听。那些支离破碎的片段：万园之园……烧毁……弃园……投机商们砸碎了美丽的汉白玉雕刻，像大米粒样大小的石粒混在大米中……湖被填了种植水稻……那些山本是人们堆起来的……百年来探宝者们挖地掘宝……我从此迷上了这个地方。后来在卫祖荫老师带领下，有一次在圆明园上色彩写生课一周。也就是那个时候，萌生了到圆明园租工作室画画的念头。

随着教学改革混乱，学生越来越没规矩，学校想整顿一下。有几个同学被学校开除了，公告张贴在学校门口。但是慢慢发现被开除的学生什么事儿都没有，一直在学校上课直到拿到毕业证。

1987 或 1988 年，方力钧在中央美术学院木版工作室（李卫平摄）

1987 年，北师大办业余学习班期间，在圆明园写生

我们班一共九个人，其中五人被点名要除名，或者是我陪着，或者我自己跑去跟老师说情，最后一个都没有被除掉。杨茂源是大连人，主管学生工作的曲桂林老师也是大连人，她想替杨茂源说情，她就打听谁跟杨茂源好，就打听到了我，她问我茂源怎么样，我说杨茂源成绩很好，人品也好，没有比他还好的人了。过了几天又叫我去，说茂源有问题，要开除他。我说：这么好的同学怎么能开除呢？同学们集体表态，一起找系主任。我们班本来是以调皮出名，不过一旦要开除人，全班同学都团结起来反对。

到大三的时候，要分工作室，九个同学要选五个工作室，木版、铜版、丝网、石版、插图。版画系的正源是木版，大部分老师，包括系主任都是刻木刻的，但是到我们这一届，木版就很难招到学生了，只有我一个人报，我报了谭权书先生主持的木版工作室。

这段时间生活也很规律，写了大量日记，主要是讨论些习以为常的生活盲点。然后每天都要跑步，冬天的时候穿着短裤、背心在大雪地里跑步，当时冬天跑完洗凉水澡的人就是我和易英老师。然后穿着短裤、背心，肩上披一件绒衣去吃早点。那时候整个美院早晨能起来吃早点的大概不超过 10 个人，所以食堂的大师傅特别没有成就感，但他们对我特好，菜经常是加倍的。我每天跑完步回到教室里没什么事儿，就把教室的各个角落扫一遍，干干净净的，然后再把水都泼好，大家来上课很舒服。张亚杰有一天来得早，就把地扫了。正好周建夫老师上课，说："小方你又把值日做了。"我诚恳地说："老师，今天不是我做的，今天是张亚杰做的。"老师说："做好事就做好事吧，还客气什么！"张亚杰在旁边给气得直哆嗦。还有一次邓柏上课迟到 40 分钟，被周老师给记上旷课，那时学校的规定是晚来半个小时算是旷课。邓柏就不干，说：方力钧不来你怎么不记？周老师连看都不看：小方怎么可能会旷课呢？他不可能旷课。邓柏急了说：那你看他在哪儿？周老师就说：他就不可以去厕所？他就不可以出去一下？其实那时候我可能在天津玩儿，真的是旷课，但老师不管。

有一次，我和康木、魏虹骑着车去通县，回来的路上在广播学院的树林里，买些饮料坐着休息，已经是黄昏了。我看着太阳在树林里往下沉，于是我就开始叫唤。人家问我为什么叫唤，我就说："你看我们天天这样活着，太阳天天这样转，但是我们没有一次完整地感觉太阳的转动。"于是我们特别可笑，说就安排一次，看着太阳，虽然我们可能看不到，但是我们能够感觉到。

但我发现这是根本做不到的。我一扭头，看到树林里的一棵树，我们完全不知道这棵树立体的 360 度是怎样的，细节是如何连续、如何展开的，其实很多细节是被我们忽略的。然后我就特别兴奋，我觉得我又发现了一个奥秘。我想我一定要看一棵树的 360 度是如何接起来的。可等我去抱着一棵树的时候，我发现我又陷在里面（在一个平面里它是 360 度，但是如果换个角度的话，它又是一个 360 度）。我看到的只是其中的一个角度，但永远无法看到完整的 360 度。整个树是转动的，世界也是转动的，凡事都有角度的问题。我自己突然认识到这个世界的立体了。我们通常认为的 360 度，实际上是一个很小的切面。一旦这个东西旋转起来，它就活了。这个时候，我已经很明确我的主题是人性，那么如果这棵树是无尽运动的话，那么人性更是这样的了。当时我安排的步骤是我的每个阶段、每次创作讨论一个我感兴趣的侧面。如果主题是这样的话，我后续的可能性就不用担心了。

我们班 9 个同学，当时有 3 个进修生，加起来 12 个人。每天去上油画课的时候都早早地把画架支起来，占好位置。因为大家上学的时候都喜欢画三分之二、三分之一侧面的角度，比较出效果，比较能看出形来。那天我去晚了，因为画架子、座位占地方很大。没有办法，只好就地把油画框摆在模特儿台下面，坐在地上画。结果离模特太近了，没办法构图，形状哪儿哪儿都不对。干脆就这样虚着开始，模模糊糊地画。冬天的时候屋里有热风，吹在人体上就会回来，有的时候不知道怎么回事，呜呜呜一阵一阵地，就吹了到脸上。当时就觉得，以前老师对造型的描述可能走偏了，人体最重要的是他是一个生命体，不是一个样品，而是有弹性有体温的。这是一点新发现，让我觉得描绘人体体温是比人体比例

《课堂习作》 方力钧
布面油画 61cm×48cm
1987—1988 年

更为重要的表现方式。

1988 年暑假，美院总务处黄老师想给家乡做点事，请中央美院到湘西办一个美术学习班，给当地培养一些美术人才。我就假冒美院青年教师，由周建夫老师带队，在湖南沅陵县任教一个月。之后从沅陵坐车坐船经过芙蓉镇（王村），王村到张家界再到宜昌，到重庆，到大足，到自贡，到峨眉山，游览湘西、三峡、巴蜀。

毕业实习我选了云南。在芒市，看见前面一处郁郁葱葱的地方，走近前，是中国远征军抗日将士陵园，五千多名抗日将士公墓。脑子就像灌了铅一样转不过弯来。因为我们的教育一直说，国民党是不抗日的！回到北京，到书店找到一本《中国远征军》，看完我才知道，原来的一些说法是不全面的。那以后，我就更多读历史文献方面的书了。

借口要毕业创作，我和杨茂源跑去圆明园寻找工作室。我们发现了非常棒的空间，一个10平方米的小院，带着一个足有30平方米大的四壁落空的房子。月租金150元。可我们付不起房租，无奈之中，我们只好先将自己的美好梦想放在兜里，将就着挤在木版工作室狭小的空间，各搭了张床，开始了毕业创作。

从张林海手里借了一本涉县人物形象照片，回到工作室开始毕业创作。用什么方式进行创作，想象中可以是无边际的，但执行时必须落实到具体的点上。我想最牢靠的办法只能是从6B到6H差不多13支铅笔，整理出来一套，削得尖尖的，然后从最软的6B开始起稿，然后5B、4B、3B……最后6H，逐个使用，回到最原始最可靠的技术上面，老实得超出了老师的期望值。起稿就画成光头了，好像不用动脑筋，手就指挥着你画完，但使用的方法全部是美院最传统的方法，态度又是百分之百最认真的。审议毕业创作时，我是最顺利通过的，除了宋源文先生（时任版画系主任）说要再转过去一点儿就更好了。

1988年，方力钧和肖昱在中央美术学院

1988年从张林海处借的照片

1989 年，方力钧在中国美术馆的“中国现代艺术大展”开幕式。

1989 年，在“中国现代艺术大展”自己作品前

到了 1989 年 2 月 5 日，大年初一，“中国现代艺术大展”在中国美术馆开幕，我的三幅素描作品也被栗宪庭老师推荐参加展览。展览开幕的两三个小时内，有六七拨人找我想买这三幅素描。最早来问的是在澳大利亚使馆工作的罗清琪，之后包括张晓刚带着依玛来，我当时正站在凳子上挂画，我说每张 300 美金，我看到晓刚的眼神，肯定是觉得我要价太狂妄了。

当天，还有另外一个展览的开幕式，河南曹勇当时画了一批画，色情、肉山肉海，视觉冲击力很强的油画。展览结束的时候，刚用三轮车把画装好，在北京音乐厅院里被拦下了，来人说是公安局的，说有人举报你这些不是艺术品，是淫秽色情画，现在我们找一些专家来鉴定，这些东西到底是艺术，还是淫秽物品。曹勇又怕又气又不甘心。他要去美国了，就留了我的电话，说：有什么结果的话，公安会给你打电话，你帮我把画取回来。直到今天也没有下文。

很快，毕业分配时间到了，自己脑子里没有那根筋，连人都没有找。过一段时间曲桂林老师来问我留京有没有消息，否则来不及了。再过一段时间，老师又来了，说：给你一个建议，造币厂需要人，还有两居室的住房，待遇很好，但是得坐班，你考虑考虑，赶紧给我一个回信。其实，我自己完全不上心，有一天曲老师终于不耐烦了，找人把我叫到学生科，说：你是怎么回事儿？让你找工作，你还不赶紧去，给你找工作你也不告诉我们一声，到底去还是不去？

6月份的时候，回邯郸待了一段时间，不多日子，重回北京。通过清华大学陈红的关系，找到了颐和园至清华大学之间一亩园的一所房子，月租一百元。我毕业了，必须像个大人一样承担起自己的生活。我回到学校，到曲桂林老师主持的业余美术学习班（习惯称“地下班”）代课，每星期两次，每月有一百元讲课费，正好抵了房租。当时年轻，而且在未毕业时就已出于虚荣买了辆赛车，但从一亩园骑到王府井，还是需要两个小时，现在想来真觉得奇怪，哪儿来的那么大精力，不知疲倦地奔波于两点之间。除了教课，最重要的收入来源于和平出版社，鲍露滋预约的插图，是能够维持生活的救命补给。

8月，正式从中央美术学院毕业，离开学校。我们这一届毕业生常规毕业展无法举办。后来又因朱跃英、马松江夫妇帮助接收档案，入了北京户口。

《素描（之一）》 方力钧 纸上铅笔 54cm×79cm 1988 年
澳大利亚悉尼私人收藏

《素描（之二）》 方力钧 纸上铅笔 54.8cm×79cm 1988 年
澳大利亚悉尼新南威尔士美术馆收藏

随笔

杨茂源 / 文

素描

1986 年，美院二年级，素描课。

谭平对我说，无论画静物或人物都是训练你对事物关系和空间关系的理解和认识能力。如果不画素描，只用一堆铁丝和钉子，在一个空间里，你仍然能得到造型的训练。素描只是这种训练的方法之一。谭平继续说，八周素描课你只要画一幅画，参加评分就行，其他时间你去教师阅览室看书。

后来我经常去看，但大部分时间去后海游泳。游泳的时候我满脑子幻想，幻想也是一种训练。当艺术摆脱了技术，才开始有意思。

梭梭柴。1987 年，摄于和布克赛尔

去新疆

1987年暑期，方力钧和几个朋友在邯郸办了个学习班，也要我去。到那儿以后，学习班已经开课多日了。第二天收到娜乌拉的电报，她在塔城也办了个学习班。放假前本来说好我和力钧一起去，现在他这边走不开，新疆那边只好我去。

临走的时候，萧昱正在宿舍睡觉。我说要去塔城了，他哼了一下，以为塔城只是在河北或河西走廊的什么地方。

西瓜

新疆乌尔禾。在魔鬼城走了一整天，渴得满眼金星。在戈壁滩上发现一种植物，粗糙的藤子上有几个拳头大的球，灰黄色，球上长刺。球的根蒂上长了几个灰绿色的肉赘。打开球，发现是西瓜。甘甜，但不止渴。肉赘是叶子。疑在此地生长多年。

鹅

克拉玛依的西边有个叫白杨河的地方，是个哈萨克村庄。我和余乐带着两个学生住在村北边医生的家里，她是村里唯一的汉族人。晚上喝酒，没什么吃的，我说去弄只鹅来吃——我们下午来的时候见到村边的水塘里有很多白鹅。余乐说好，就拿起擀面杖跟我走出门。

外面的月光很好。

那群白鹅，在村子中心的空地上围在一起睡觉。鹅群在月光下闪闪发亮，外围有四五只大鹅伸长脖子四下里看，看见我和余乐不怀好意，就低声地叫。鹅群忽然间全都抬起头来，看着我和余乐。我有点惊讶。鹅群开始骚动，低叫着有组织地慢悠悠地走，我和余乐借着酒劲儿尾随在后。这时鹅群开始跑，一只鹅稍稍地偏离了鹅群，余乐一棍把鹅打歪，抱起来转身就跑。我负责掩护。

余乐跑到房前的时候，我发现鹅群在后面紧跟着我们。我大惊，说，别进屋，围着村子跑，甩掉它们。

月光下，我和余乐抱着鹅在前面跑，鹅群在后面紧追。

终于把鹅群甩掉了，我观察了一下四周后，随余乐进了门。

医生去毛我剁肉。余乐重新摆好酒杯，医生在灶台前忙，学生去屋外倒水，忽然惊叫。我从门缝看出去，月光下，院子的栅栏外，围着大群闪闪发亮的白鹅，鹅头从栅栏的缝隙伸进院子，有好几层。医生也慌了，说要是被村民们发现就麻烦了。我让两个学生出去把鹅引开，两人试了试都不敢出去。鹅群的叫声很大，我看了看，也跟着进屋想办法。

锅里的鹅肉很香。学生把鹅毛埋在院子里，鹅群看着。屋子里很安静。我们做着最坏的打算。

过了很久，听到雄鸡报晓和几声狗叫。

学生突然说，鹅群走了。果然栅栏外空空荡荡，一地鹅的脚印，太阳光很快就照进院子里。医生叫学生赶快扫去路上的脚印，像一切都没发生过的样子。我迷迷瞪瞪的，好像真的没发生什么，回头看见锅里炖了一夜的鹅肉。

鹅肉很美味，就是咬不动。

左图：1986 年，美院版画系 85 级同学在碛口黄河的船上。左起：洪浩、方力钧、刘炜、邓柏、晋荣、赵影、杨茂源
右图：1987 年，杨茂源（中）和余乐等人在新疆托里县

长调

余乐是我在塔城认识的。他在群艺馆工作，他的母亲和一双妹妹给我留下难忘的印象。我的北疆之行是和余乐及兵团的两个学生从塔城出发的。先去的老裕民，之后托里—铁厂沟—白杨河—克拉玛依—乌尔禾和什托勒盖，最后到了和布克塞尔。在去和布克塞尔的路上，汽车转过黑色山岗，就看到山下大片开阔的草场，还有远山。车上一个酣醉的蒙古老汉，大声唱着曲调。我觉得唱的就是这片风景，竟不知不觉地流下了眼泪，这是真正感人的曲调。

遗憾

申玲 / 文

儿子出过一本书，取名《燕子》，他跟拍了美院油画系本科大三的一位学生。一年多的时间里拍了大量的图片，只拍一个人。我开始并不理解，为什么那么多鲜活的场景不拍非要拍一个人呢？一个人多枯燥啊！当我看到他呈现的展览，手里拿到画册翻看时，不由得感慨起来，如果 30 年前有人拍我，记录下我的大学生活，那该有多好呢！

1985 年我从美院附中毕业，被保送到了中央美术学院油画系。因为当年没有经历高考，所以到现在都无法体会，那是怎样拼命的场面。

上了大学很长一段时间无法适应，油画系这一届总共招收了 12 个人，就我一个女生，进画室时就只有我们四个人了。有新疆来的张同学、辽宁来的吕同学，还有北京大爷王玉平，就我一个是从附中上来的,四个人画画的差别太大了。记得一开始画大卫像，大卫是我熟悉得不能再熟的东西，上手很容易，起稿，深入，排线条。这时候再看看王同学，他把大卫的头发画成了大朵大朵的棉花，虚虚乎乎。那会儿白天上课不见他人影，第二天一进教室又觉得他的画动过，就跟闹鬼似的。张同学画得东倒西歪，任性撒野。吕同学虽然画得一板一眼可就是不太像。我心里暗自好笑，这都是什么呀！怎么画得这么差！

不过说来也奇怪，四个人四个样子，每个人都自信满满，估计心里也都在想着同样的问题：他怎么能画那么差！怎么考上的？后来这种感觉在王同学那得到了证实。他竟然说当时看着我画大卫，觉得实在是太差啦！心里那个鄙视呀，自己甭提有多得意啦！

很快我的优越感在这几位生猛任性的同学面前开始瓦解。不按套路，不走常规路线却得到老师的表扬，尤其是葛老师非常鼓励每个人的不同，指出有差异是好事。哎呀，一时间我郁闷啊！不知道怎么回事，没标准了，画这样也行？心里一团乱麻……

虽然每天依旧排着线条，可打那开始怀疑自己了。花了那么长时间在画上，似乎除了手在飞快地动，已经忘了为什么画，怎么画。

如果当时有谁记录下来我们四个人画画的场面多好啊！我想起那个场景常常会发笑。

美院的旧址是校尉胡同 5 号，协和医院、吉祥戏院、全聚德烤鸭店、东来顺、东单夜市都相隔不远。地处闹市区，有块巴掌大的操场是很不容易的。

我们的操场边是宿舍楼，无论去食堂还是去教室都必须经过操场。趴在阳台上，或坐在楼梯口，再或者走到对面坐在图书馆台阶上吃饭，看着过往的行人和过往的美女是必修课！操场每天都有几位踢球的，尤其某帅哥常常脱光了上身，露出胸毛。篮球架下站着个人就算是守门员了。看球赛不是目的，主要是看人。如果是碰到好看的大佳人，或小佳人走过，所有的眼睛都盯住目标死死不放，直到目标消失，然后是一阵调侃议论，腿长腿短、丰乳翘臀一类话题。偶尔会看到一双白腿闪过，那是非非小姐（雕塑系的师妹），个高牌亮。段子手们乘机八卦，七嘴八舌……那会儿还真是荷尔蒙分泌旺盛啊！

八九十年代的人个子普遍不高，即使有个把高个，像董梦阳师弟一米九几，也有可能是营养不良闹的，远远走过来像棵豆芽菜，好像一阵风就会吹跑。不像现在的“90 后”，几乎各个长得超宽超长，基本都长疯了。不过话说回来，那会儿也怪，即使是长得歪瓜裂枣，武大郎身材，哥哥弟弟们也都仰着头，自信满满，一副老子天下第一的模样。可眼皮底下的资源少，那就放眼出去找外援，有扮成导演去中戏挑演员的，有装病去协和医院撩护士的，有的干脆拐弯儿去王府井拉模特儿，反正操场上常见美女走过，当然陌生的居多。这时男生们总是表现出异常的兴奋，追问：哪来的？哪来的？哪来的？

有一天操场上走过一个美人，年龄比我们略大，一看就是熟女，风情中略带矜持。见了新人每个男生都表现得很兴奋，互相

1991 年，申玲在画室

询问：哪来的？谁的菜？这时有知情者出来八卦爆料说——老苏的夫人！大家顿时面面相觑，长吁短叹，原来人家名花有主，好不沮丧的。一面感慨，一面酸葡萄：是他啊，哎呀妈呀真是一朵鲜花插在牛粪上啦！可惜了！可惜了！

如果那会儿像现在有手机记录下来这个操场，这群人，今天看该是怎样的一番触景生情呢？估计我写这一段的时候就鲜活得多了。遗憾呀！遗憾了！

在老美院上过课的人恐怕都会记得我们的陈伟生老师，他站在阶梯教室的讲台正中央，说到兴奋时经常撸胳膊挽袖子，在胳膊上、大腿上画出肌肉群组，标注出名字来，投入程度简直就像是今天的行为艺术家，一会儿是单口相声，一会儿是哑剧。本来枯燥的一门解剖课被他上得是有声有色。台上投入地表演,台下笑声不断，他的课让我记住了这个鲜活可爱的老师，他丰富的肢体语言印入脑海，挥之不去。可惜没有人记录他，也没有人记录我们上课的场面，不得不说又是一个憾事了。

不过或许有哪位有心人拍下了呢？至今还是会心存这样的侥幸。

我们上学那会儿大家的贫富差距不大。除了个别人下馆子，大多数一日三餐都是吃食堂。食堂的师傅饭菜做得好，我最爱吃白菜炖豆腐，菜汤白白的，熬得像牛奶。食堂里总是热火朝天，从来没有冷清过。排队打饭挤成一锅粥，三五成群围坐在一起，吃馒头摆出“思想者”姿势的杨师哥搞笑夸张的动作让人记忆深刻，这么多年过去了，同学聚到一起，这个话题永远是笑点。

说来也怪，这好像没有人拍，从没有看到过一张有关食堂的照片，我真的很怀念。吃饭狼吞虎咽，排队眼巴巴地看着自己想吃的菜最后一勺见底，八卦吹牛的同学们，好像热锅上的蚂蚁躁动不安。

吃饱喝足排队洗澡。一三五是男生还是女生已经记不清了，反正一周轮换。因为澡堂子只有一个，老师、学生、教工都只好赤裸相见。今天真的无法想象这种情况怎么可能发生。可是那会儿洗澡是大事，大事情必须得一起做，每人一个脸盆、毛巾、肥皂。拖鞋自带，里面除了一字排开的水龙头没有其他零碎。好在有弥漫的热汽算是块遮羞布，彼此之间看不太清，避免了尴尬。

同吃同浴的缘故，人便不认生，学校几十号学生，加老师、员工总共不过 200 人，巴掌大的操场上，每天抬头不见低头见，久而久之变成了家人，即使见了靳院长不免紧张，可是一天撞个几回，也算混个脸熟了。

詹建俊先生高高的个儿又一脸严肃，我们都怕他，远远地见他出现在楼道里，能躲就躲了，不能躲的就像老鼠见猫，遛着墙边小跑……

校门口常常见韦启美先生，拎个小绿布包，微笑着走过……

体育老师张广仁先生，每天早晨去宿舍楼喊大家起床。

版画系的广军先生长得像外国人，用今天的话说是颜值很高，人幽默，好讲笑话，有他的地方就有笑声。

校尉胡同 5 号是个难忘的地方，因为有太多鲜活的人和太多有趣的故事，遗憾的是我几乎没有留下照片，几乎没有去黑灯舞会上撒欢，没有登上新年晚会的舞台表演，没有学会弹吉他，没有大声唱《一无所有》，没有毕业答辩……

人生难免留下遗憾。而我的青春，在美院的黄毛丫头一样的青春，没有记录下来是最遗憾的事啦！哪怕是零星的几张，当我在回忆往事时，进入怀旧程序时，写写八卦也有出处不是？今天写点啥肯定会鲜活多了。

曾经希望儿子能像我一样画画，总觉得画画是一件美事，可以任性，可以撒欢，可以醉卧花前月下……但他坚持说他喜欢摄影。

“没有记录就没有发生。”

记录是那么平常又不易去做的事，今天人人自拍，人人互拍，或许是不会再留遗憾了吧……

对了，儿子说摄影不是照相，我还是低估了摄影的魅力！

左图：《美院的模特 -1》 申玲 纸本素描 A4 2005 年
右图：《美院的模特 -2》 申玲 纸本素描 A4 2008 年

滕美人

王玉平 / 文

大概是 1985 年，我刚入学。去图书馆看画册，随便找了张桌子，把画册放上阅读架。

翻了几页，觉得不对劲儿，余光里，对面阅读架后面……是一天仙下了凡呀！二十几岁的心，没谱儿地乱跳，哪儿还有心看画册，画上的美人儿是假的，这是真的，这也太好看了！

怕被发现，躲在阅读架后面贪婪地偷窥。心想该是什么样的主儿有本事收了她呀！后来知道她叫滕菲，男朋友叫谭平。

2017 年

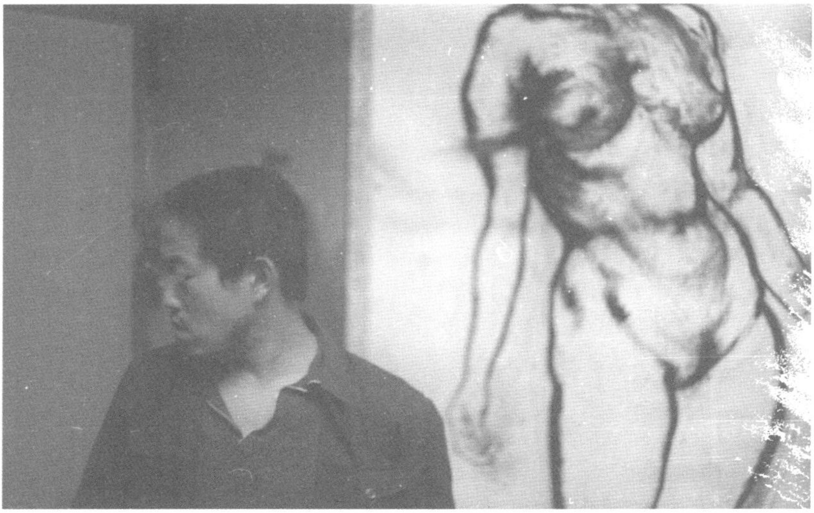

大学三年级画大素描时

《老美院的锅炉房》 王玉平 纸本水墨 1991 年

《老美院的教工宿舍楼》 王玉平 纸本水墨 1991 年

武艺的记忆

武艺 / 文

※

开学典礼，发言的是学生处的一位女老师。她左手轻轻地推了一下眼镜，有点激动地说："最近在学校的男厕所里发现画了不少的女小人，这件事让大家都感到气愤，你说他课堂上不好好画画，嘿，厕所里那几笔还挺生动。"旁边的一位男老师补充道："男厕所画女小人这事儿比较严重，女厕所是否画男小人，目前还不知道，因我没进去过。"

※

在同学们的再三要求下，教授开始示范，画的是水墨风景。正在大家看得起劲时，教授突然说："你们向窗外看！"同学们"唰"地一下头都扭了过去，说时迟，那时快，教授将左手早已握着的一把盐洒到了画面上，待大家再看画时，一幅"美丽的雪景"浮现在眼前。在一片惊喜的叫声中，教授露出了得意的微笑。不多久，传来一则消息，说教授家附近那家粮店的盐已经脱销了。

※

人体课上，老师在耐心地指导学生，并低声说："从乳房到那个地方色彩要柔和。"

人体课上，老师在帮一位同学改画，边改边神秘地说："我教你们一招儿，不管画谁，画到屁股时，一定要加点儿粉绿，这样才有感觉。"

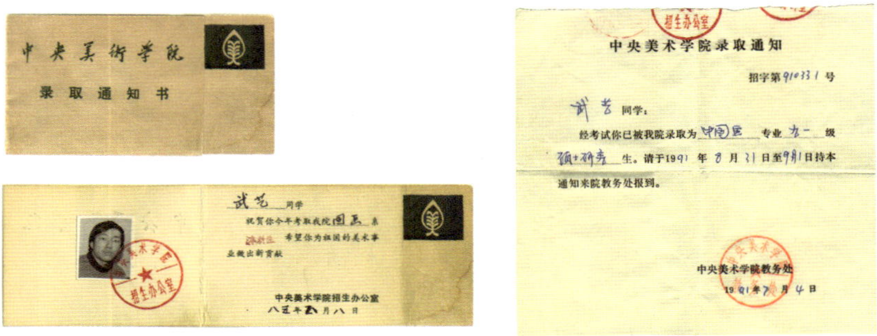

武艺的两份录取通知书

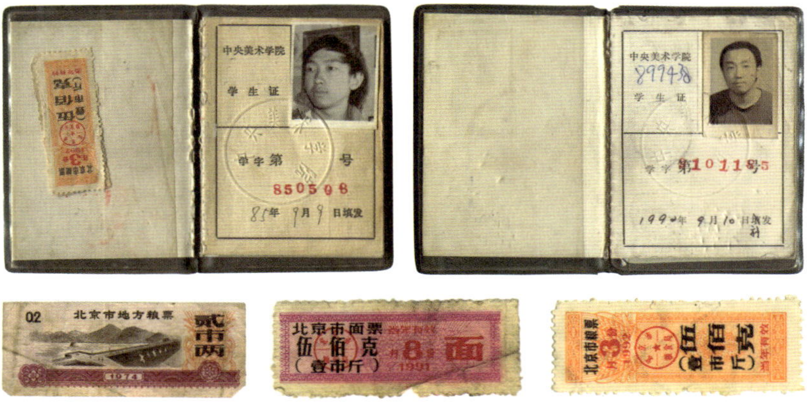

本科（1985—1989 年）和研究生（1991—1993 年）期间使用的学生证、粮票

※

教授在放八大山人的幻灯片，详细地分析了构图、笔墨等，并标上了好多箭头，学生提问：“教授您好，您标的这些箭头是‘八大’在画画时想的，还是您想的？”教授肯定地回答：“当然是‘八大’画画时想的。”

※

一位临近退休的教授语重心长地对大家说："唉，我教了一辈子的画，令我最遗憾的是没有一个让我满意的学生。"

一位已经退休的教授轻松地对大家说："其实画画是不能教的。"

※

在卢浮宫，当我见到拉奥孔、荷马、伏尔泰的原作时，不停地抱怨我们当初学画时画的这些石膏像的形已经被翻得走了样，脸上的结构全无，显得平而臃肿。后来慢慢觉得这是对的，因为中国人的脸就是平的，这也许是一种巧合——我们传统的汉代、北魏石刻的面部，也是无凸凹之感，丰满而圆润。

国门渐渐打开，我们的先辈在西方学会了新的观察与表现方法的同时，却忘记了自己平平的、从侧面看只有鼻部微微突起的脸，以为自己也跟眼睛所看到的充满起伏与凸凹的脸是一样的，于是内心充满了使命感，将一种"全新"的东西带回来，试图弥补前

1985 年 10 月 19 日，武艺在中央美术学院校门前

1988 年，在陕北绥德体验生活

1993 年，与武将在研究生毕业展上

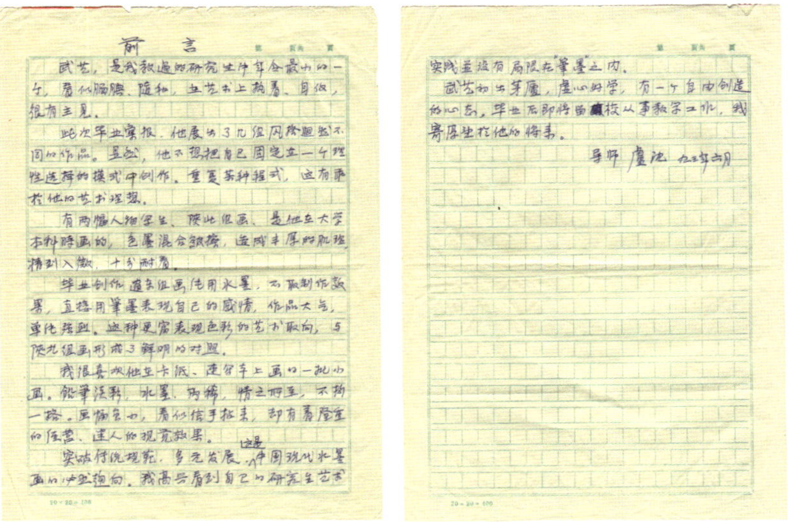
前言

武艺，是我教过的研究生中年令最小的一个，看似腼腆、随和，在艺术上执着、自信，很有主见。

此次毕业汇报，他展出了几组风格迥然不同的作品。显然，他不想把自己固定在一个理性选择的模式中创作，重复某种程式，这有悖于他的艺术理想。

有两幅人物写生、陕北组画，是他在大学本科时画的，色墨混合皴擦，造成丰厚的肌理，精到入微，十分耐看。

毕业创作遥远组画纯用水墨，不取制作效果，直接用笔墨表现自己的感情，作品大气，单纯强烈。这种更富表现色彩的艺术取向，与陕北组画形成了鲜明的对照。

我很喜欢他在卡纸、速写本上画的一批小画。能笔泼彩，水墨、丙烯，情之所至，不拘一格。画幅虽小，看似信手拈来，却有着隆重的压迫、迷人的视觉效果。

突破传统规范，多元发展，这是中国现代水墨画的必然趋向。我高兴看到自己的研究生艺术实践并没有局限在"笔墨"之内。

武艺初出茅庐，虚心好学，有一个自由创造的心态，毕业后即将留校从事教学工作，我寄厚望于他的将来。

导师 卢沉 九三年六月

卢沉先生书写的武艺研究生毕业展前言手稿

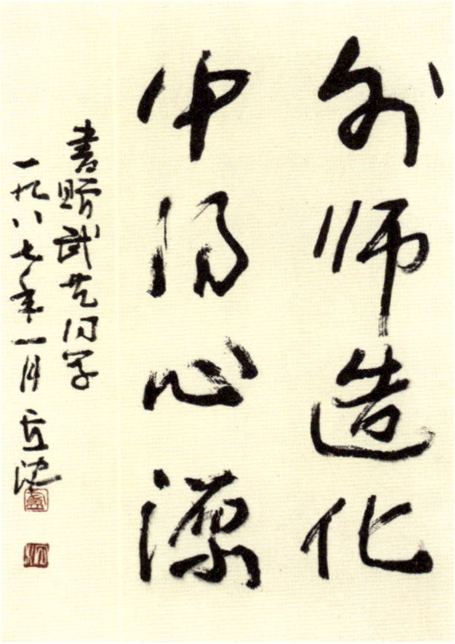

卢沉先生题字（外师造化，中得心源）

人留下的“不足”与“空缺”。

于是，“新”的中西结合的观念差不多控制了中国美术教育近一个世纪，我们学会了在一张平整的脸上“挖掘”出丰富的体与面，并津津乐道于此，以至成为衡量人的艺术才能的标准，而要掌握并熟练运用这种能力则要耗掉人几年甚至十几年的时间。想起来，这是件既悲哀又有趣的事。

否定一切

隋建国 / 文

我读研究生时的教室在后排房，隔壁就是版画系毕业班的教室。王华祥、方力钧、杨茂源等人都做过我的邻居。

赵勇是版画系 91 届的毕业生。他有个生理性的习惯，每隔几分钟就会摇几下头。与他说话，问他问题，不管嘴上同意不同意，总是摇头。时间长了，同学们就给了他一个外号“否定一切”。

据说有一次版画系的一位老师给他们班上课，老师给赵勇指出画上的毛病时，赵勇摇头。老师看到后又换个说法，赵勇还是摇头。老师只好叹口气，转身给别的同学指导去了。

赵勇毕业后到济南的山东艺术学院版画系教素描。给学生上课时，还总是摇头。赵勇的素描功底很好，又来自京城的中央美院，

1991 年，隋建国在美院后排房

隋建国摄于 1989 年，美院后排房

于是这摇头就变得高深莫测起来，似乎学生们的画永远也不能让他满意。

然而，就是这个“否定一切”的赵勇，后来无意中开辟了一个巨大的教育产业——考前辅导班。

在山艺几年下来，赵勇画素描的名声远播，不少想考中央美院的学生都拜到他门下，希望指点门径。随着时间的推移，求教的学生越来越多，赵勇心一横，干脆办起了考前辅导班。先是在学校旁边办，后来慕名而来的考生越来越多，赵勇就在远离校区的济南西南郊的王官庄租下了几处院子，还请来文科教员辅导学生的文化课。一来二去，考前班的规模越办越大，王官庄的村民纷纷把房子租给学生住，坐收租金，也有村民开办小饭馆，学生们就来吃饭。实际上，并没有人专门组织，但赵勇的考前班和村民达成了一种默契：赵勇只管租房子当教室，组织上课；村民们则是盖了房屋和饭馆租给学生吃住，自发地做好后勤工作。这样的经济结构之下，赵勇的考前辅导班几乎没有任何后勤管理的负担。

赵勇的考前班传授给学生中央美院比较喜欢的画法，结果考入中央美院的学生越来越多，口口相传，自然就有越来越多的考生慕名来到王官庄。南至长江沿岸，北至东三省的生源都有，山东广大的农村地区的生源尤其多，以至于几年下来中央美院招生不得不限制山东的录取名额。而赵勇的考前班模式很快就被其他省份效仿，并传遍全国。当然，不同省市的考前班，重点是针对不同地方的院校。

最终，中央美院在花家地南街的本部也被上百个考前班包围起来。这些考前班针对美院的考试内容专门制定不同的辅导课程，实行三包：包教包会包考中。美院招生办为了打破考前班的猜题命中率，不停地改变考试内容。比如，先是前几年造型考试增加了“创作草图”，设计考试最近也增加了对静物的“写生素描”。每年出题拼命地变换招数，不停地折腾下来，考题的内容及其变化往往还是被考前班的教头们所料中。更有聪明者，教学生掌握一个基本图式，考场上以不变应万变，总能切中主题。十几个回合下来，官办的中央美院在招生阵地上如何冲出草根考前班的重重包围，竟成了每年招生委员会上的一个“永恒”的话题。

作为考前班产业的第一个吃螃蟹者，直到如今，赵勇还在济南郊区的王官庄，一如既往地摇着头，继续他“否定一切”的生活。

1995 年，作品《废墟·全景》。美院美术史系教室空间还原

《地罣》　隋建国　天然卵石、钢筋
70cm×40cm×50cm×26
1992—1994 年

冬季校园

郜笛斐 / 文

1984 年冬天的某一天，刚上高中的我由老师带着去中央美术学院陈列馆看展览。美院陈列馆是一幢高大的老式方形建筑，外墙上沿有精美的汉白玉浮雕，旁边不远处是新建成不久的美院宿舍大楼，12 层的灰白色大楼看起来很气派，当时在市中心的王府井还很少有这么高的楼。

我记得那是一个阳光明媚的冬日上午，站在陈列馆二楼可以看到对面宿舍楼朝南这面的窗子。可能因为是上课时间吧，宿舍楼异常安静，阳光下每一间宿舍看起来都暖洋洋的，透过明亮的大玻璃窗能望见房间里面：窗前的书桌，晾着的衣服，水磨石窗台上摆放的画框、书、暖壶……一间间望过去，还有采风带回来的民间玩具，有的窗台上还放着一盆小花，我猜那一定是女生宿舍……我久久地看着对面，想象着生活在那一个个房间里面的人该是怎样地幸福？

那一刻我就想：将来我也会到这里来的。

三年以后，我来了。我有幸在这里度过了 80 年代的最后几年。

一

在我的记忆里，美院的生活总是和冬天有关。

冬天的画室、宿舍都超常地温暖。冬天我们可以到家属区的筒子楼窗外顺一颗大白菜，用攒下的粮票到自由市场换鸡蛋。学校食堂晚饭很早，对于二十郎当岁的我们来讲，六点吃完晚饭很难扛到十一二点睡觉，所以当时每个宿舍床铺下都偷偷藏着一个小电炉，每天晚上煮点挂面，就着蛋花、白菜叶子和酱豆腐吸溜吸溜地吃那么一大碗，倍儿美！一个冬天过来，能长胖不少，其实真没吃什么好的，都是被那点清汤寡水的挂面揣出来的。

冬天天黑得早，如果兜里有点小钱儿，五六点钟就可以到东华门逛夜市了。站在街上捧着一盘热气腾腾的炒疙瘩，吃完再来串糖葫芦或烤白薯，沿着结冰的筒子河边走边吃，边看滑夜冰的人们，这个夜晚，完美了。

第二天醒来红日初升耀眼，看见宿舍窗户上结满冰花，好看！开窗透气，一道冷风像刀子一样削来，过瘾！缩在大衣里穿过操场一路小跑到画室，脱掉外套只穿一件衬衫都出汗，上课时抬头看看天窗外蓝蓝的天，愣会儿神，听呼啸而过的鸽哨，好听！

北京是属于冬天的，我记忆中最美好的校园生活也定格在冬天。

二

作为秉承传统教学思想的中央美院来讲，学生的基本功训练尤为重要。从一年级到三年级，我们每年都有大量的人体习作课程，不同于室外实习课，习作课更多安排在冬天，短则 4 周长则 8 周、10 周的一段习作课下来，学生们都和那些人体模特儿混得非常熟。那个年代的模特儿绝对是美院非常特殊、有趣而不可或缺的一个群体，他们几乎都是老北京（那时候北京的外地人很少），集体有着老北京人松弛、慵懒、爱侃大山的典型特征。课间休息的时候和他们聊天、听他们讲故事成为枯燥的习作课里有趣的插曲。

我记得我们画过的一个青年男模特儿，我们都叫他“于子”。于子精瘦，皮肤黑黑的，烫了一头卷发，手腕上戴着一块有计算机和打火机等很多复杂功能的黑色塑料电子表。一到课间休息，于子就爱坐在模特儿台上，身上披着件睡袍，先给同学们发一圈香烟，然后自己拿起一根烟叼在嘴上，抬起手腕，吧嗒按一下手腕上电子表的某个机关，一个小火苗砰地一声蹿出来，他低头点燃香烟，深深吸一口，聊天就这么开始了。于子养了几十只鸽子，他最喜欢聊的话题就是他的鸽子经，基本上离不开吹嘘他的那些鸽子如何如何牛。我记得有次他说，他养的一只鸽子参加远程比赛，从北京飞到上海再飞回北京，途中在天津上空被人用气枪打伤掉了下来：“我本来以为我们家这只宝贝鸽子肯定完蛋了，我难受了俩月，后来你们猜怎么着？”于子深吸一口烟故弄玄虚地问我们，见大家都在聚精会神地听，他长长地吐出一串烟圈：“我们家那鸽子，愣是自个儿沿着京津铁路一瘸一拐走回来了！”我们哄堂大笑，于子一脸得意。我至今都怀疑于子这个故事的真实性，但不能否认，他实在是太有想象力了。毕业多年以后，我在秀水街买衣服还见过于子，他说早不在美院干模特儿了，练摊儿卖服装了。

还有一个模特儿，我们都叫他“大老王”。大老王可是美院的老模特儿了，很多学校收藏的经典人体作品里画的都是他。大老王喜欢中午的时候在教工小食堂喝一口。下午加课我们通常都是人体速写课，资深的模特儿都会自己摆动作，每到这时候，大老王就会瞪着喝得红红的眼睛跟班长说：哥们儿，我中午喝多了，睡一会儿哈，我这动作哪儿要是动了你们就自个儿帮我搬一下啊，没事，别客气！然后倒在模特儿台上，哄然睡去……

三

80 年代的北京物资相对贫乏，精神生活却随着外来文化的进入逐渐丰富，不到二十岁的我还不知道什么是忧伤，大学生活也像没有雾霾的北京冬天一样简单明朗。

学生时代的少男少女们都是爱赶时髦的，尤其是美术学院这种地方，艺术青年总是要标新立异穿出个性，走在街上必定与众不同，以“挂相”为美。

有一阵美院学生的标配是无论男女都是长长的能盖住屁股的棒针大毛衣，校徽别在肚子上，胸前挂着一大串钥匙，牛仔裤旅游鞋都是脏脏的，走起路来钥匙一摇一摆地敲打在校徽上，发出只有自己能听到的叮叮的声响，自我感觉好极了，要的就是这身邋遢范儿。长大以后我翻看那时的照片，真为自己汗颜。想想当年每天穿成这样出门散德行，走在全北京最繁华的大街上，吸引着路人的目光，这要有多强大的自信呀！无知者无畏。

出美院大门左转就是金鱼胡同，当时还是一条很窄的巷子，金鱼胡同西边连着王府井大街，东边通往米市大街和东单。后来随着和平宾馆、台湾饭店、王府饭店的建设，这条巷子拓宽成一条马路，也是北京高档酒店最集中的区域。金鱼胡同西口有两家卖外贸服装的小店，那也是美院学生最常去淘衣服的地方。有一阵小店进了一批军用大头黄皮鞋，28 元一双，这在当时差不多是很多人小半个月的生活费。几乎一夜之间，美院男生每人脚上一双踢死牛大头鞋，连走路姿势都变得一样了，雄赳赳气昂昂的，比军训时的步调都整齐，全是要上前线的野战兵派头。

比起美院的男生，女生就是小众了，那时全校不过五六十个女生。我刚入学那会儿，高年级学姐们流行长裙长发平底鞋，无论高矮胖瘦，女生都是拖地花裙，是校园的一道风景线。学校离东风市场和百货大楼很近，当年没少往那儿跑，扯两米花布做一条拖地长裙是美院女生的经典“菜系”。后来又流行过棒针毛衣、牛仔夹克、花西服、花风衣、花裤子……有阵子流行过一个外国女星叫波姬小丝，浓黑的眉毛、深邃的眼窝，我们觉得她真心漂亮。不知不觉间，美院女生也集体呈现“小丝”体浓妆，黑又粗的眉毛、烟熏色的眼影、粉色珠光嘴唇……后来看那时的照片，只想捂脸，感觉不是波姬小丝，都是蜡笔小新他二姐。

经过傻样的青春，多年以后我们才懂得：潮流是个很不靠谱的东西。

四

校尉胡同5号的老美院占地面积不大，学生不多，教职工宿舍的存在让这里人员层次变得丰富，不光是老师和学生，还有很多其他岗位的职工和家属居住在一个院里，这里是大社会的小缩影。

当年美院有个临时工，我至今还记得他的名字：孙家河。这可是个人物，可惜英年早逝，如果活到现在不得了。他本是雕塑系的一个临时工，南方农村出来的苦孩子，有着南方人的勤奋和高情商。在美院当临时工时帮着雕塑创作室和和石膏，上上大泥什么的。后来雕塑创作室一位老教授看他人很老实勤快，就把他招为上门女婿。教授的大女儿小时候得过乙脑落下后遗症，有点痴呆。就这样，临时工变成了正式工，住进了美院家属宿舍。这孙家河很有经营头脑，后来在美院门口开了一个小卖部，卖些烟酒冷饮零食什么的，顾客当然都是美院师生，倒也为大家提供了不少方便。每逢美院学生足球比赛之类的活动，他都会骑着他的小三轮车拉两箱啤酒汽水赞助给学生，人缘混得不错。冬天的晚上还能在他的小卖部喝到热牛奶。

有次我买方便面，学校水房没开水了，他热情地烧水帮我把方便面泡上。我和他聊天，说周围缺个吃夜宵的地方，学校不让宿舍里用电炉了，晚上饿了只能泡方便面。听者有心，过了一阵，他租下了旁边北帅府胡同里一间小屋开了个门面，几个平方米只能放两张小桌子，每天营业到很晚，专卖扬州排骨面。一碗热汤面配一块很大的排骨，很好吃，尤其对于常年吃不到大肉的美院学生来讲，大排骨吃着过瘾、解馋又顶饱。每次我去，他都会少收我两块钱，他说因为是我给他出的主意，还让我多替他宣传。后来美院老师、学生都排着队去吃大排面。到了夏天还推出了凉拌大排面，生意兴隆，门脸也扩充了好几间，都是小小的。不出一年，孙家河的扬州大排面已经开了十多间小门脸，把北帅府胡同的门面房子几乎占满了，通到了米市大街。他还给自己打出了广告语："孙大排排排排排排成一串，扬州面面面面面俱全。"来吃面的顾客也从美院师生发展到旁边协和医院的医生护士和病人家属。价格虽然比一开始翻了两倍，生意却是越来越火，还有很多大老远慕名而来的吃客。店员都是漂亮的小姑娘，听说有一个还成了他的小情人。原配教授女儿的日子不好过了，从前的谦卑女婿长脾气了，有人说见着他家暴了，教授女儿也含泪住回了娘家。

又过了一年，孙家河和他的大排面上了《北京晚报》，半版的篇幅报道，他也改名"孙嘉禾"，成为毕业于中央美院雕塑系为了爱情娶了老师的残疾女儿，后来毅然放弃美院的工作下海经商并取得成功的民营企业家。他把晚报的采访复印下来，成为大排面套餐的托盘垫纸。美院的人去吃面的时候看完报道取笑他，他也不急，还是那样谦卑地呵呵一笑。

美院快搬家那年，东四大街最大的那家加州牛肉面倒闭了，听说店面被孙家河转租了下来，准备把大排面开到北京最繁华的地段。他放出话来，大排面还要开连锁，开成麦当劳那样的全球连锁。听说有人劝他，不要扩张得太快，但是我相信他做得到。东四店面快开张的时候，孙家河开着他新买的汽车，在新店附近出车祸死了。

麦兜："妈妈，马尔代夫在哪啊？那里蓝天白云，椰林树影，水清沙白，坐落于印度洋的世外桃源。妈妈，你会带我去马尔代夫吗？"

麦太太："呃，会吧。等发财再说吧！"

麦兜："妈妈，我想去马尔代夫！"

麦太太："从前有个小孩不听话，后来，他死了。"

多年以后，我听到麦兜这段台词的时候，怎么就想起了孙家河呢？

五

我其实很想写写80年代的最后一个毕业季，那年毕业的师兄师姐们是最悲催的，经历了一个热火朝天永远无法复制的毕业季之后各自劳燕分飞，除了留校当老师的很少几位，其他人很难找到工作。有人搬去了圆明园，成为职业画家，反而成就了中国当代艺术最重要的一个时代。之后开学，我们的校园进入非常漫长而沉闷的一个冬天。也是从那年开始，我们好像长大了，开始懂得了有一种情绪叫“忧伤”。

去年我做过一个展览“校尉胡同5号”，收集了很多同学提供的老照片，其中最多的就是80年代末的照片。看着那些老照片，过去的一切历历在目，几度泪盈。我们的青春，我们的80年代，因为那些经历而与众不同，无怨无悔。特别感谢在我们青春年代中央美术学院的院领导们和那些老师们，他们始终与学生站在一起，保护大家，像爱护自己的孩子一样爱护学生。这是校尉胡同5号那些先生们留下的优良传统，相比“尽精微，致广大”的校训，是更加温情的美院精神。它让这冬季的校园虽然寒冷萧瑟，回想起来心中还是有很多温暖。

致敬！我的母校。

致敬！那些爱我们的先生们。

这冬季的校园
也像往日一般安详宁静
也像往日有漂亮的女生、白发的先生
只是再没有人来
陪你唱
往日的歌
——《青春无悔》，高晓松

学院与村庄·走向田野的人与事

乔晓光 / 文

中央美术学院的传统中应该是带有“村庄”基因的。20世纪40年代的抗战时期，许多革命文艺青年奔赴延安鲁迅艺术学院，在乡村的土地上落户。青年艺术家江丰、艾青、古元等人到陕北乡村搜集窗花，后来编辑了《西北剪纸集》。古元先生还在延安的碾庄做村里的文书，他的许多不朽的木刻艺术作品就是那时创作的。

80年代，靳之林先生追随古元和鲁艺精神赴延安工作了十三年，他在陕北的乡村里发现了陕北剪纸这棵古老而又深厚的文化之树，写出了中国民间美术研究领域开拓性的学术著作《抓髻娃娃》《绵绵瓜瓞》《生命之树》等。靳先生把乡村里的民间剪纸推向了人类文化遗产的高度，把乡村农民传承创造的文化丰碑立了起来。民间美术系主任杨先让先生和杨阳先生一起撰写了《黄河十四走》，记录了乡村考察行走几万里的田野成果，这不仅是中央美院民间美术学科建设的一个壮举，也是80年代末一个重要的民间美术事件。持续不断的黄河沿途乡村考察，为高校的民间美术学科发展模式，贡献了有启发意义的个案。

1988年，在校尉胡同5号老美院的天窗教室，靳之林老师给我上的第一节研究生课是讲乡村的事情，他说：对农村和农民没有感情做不好民间美术研究，没有感情学不进去。艺术创作也需要情感，吮吸民间艺术的母乳才能生长得根深叶茂。他给我讲了延安鲁艺时期古元先生在陕北碾庄创作木刻的故事，讲了他在延安工作时陪古元先生再回碾庄的故事。古元没有忘记陕北的村庄，他还记着碾庄的农民，记着在碾庄的生活。靳之林老师因为崇敬古元调到了延安工作，在他的人生中，乡村同样成为他的艺术圣地和文化发现的新大陆。我在中央美院民间美术系的硕士学习，就是从村庄开始的。

读研究生最初的九个月，我随杨先让老师带领的黄河流域民间艺术考察队在黄河沿途的乡村跑了很多地方。我们访问调查了许多民间美术传承人和民间作坊，也拜访了许多出了名的剪花娘子，山西的苏兰花、甘肃的祁秀梅、陕西的库淑兰……那时在这些剪花娘子家的炕头上，我们看她们剪花，听她们讲剪花里的故事，

1988 年，黄河民间艺术考察时的乔晓光。摄于陕西府谷乡村

我的剪纸学习就是这样，从乡村炕头上开始了第一课。

我在黄河乡村考察收集了许多民间艺术品，回到美院，杨先让和冯真老师在学院里布置了一个民间美术陈列室，这个像童话里的“百宝箱”一样的民间美术展室，吸引了众多的师生迷恋上了民间艺术。中央美院把村庄里的艺术摆在了学院的殿堂，打通了学院的高墙，把乡村日常生活里的艺术引了进来。这些源自生活的艺术，蕴含着更本原的文化底蕴，也有着多样的叙事传统。民间美术为学院带来了清新与陌生，也把一届届的学生吸引到了村庄与田野。学生们发现了民间，也在民间的发现中发现了自己。

新世纪初以来，村庄依旧蕴藏着巨大的文化能量。我们带领中央美院非物质文化遗产中心年轻的学子们，又全身心地投入村庄，揭开了当代文化传承保护、创造发展新的一页。我们沿着国境线在田野、在边远地区的少数民族村寨行走了 16 年，摸清了中国少数民族剪纸的文化分布，也整理出 28 个民族的田野文本，完成了中国剪纸申报世界非物质文化遗产的基础田野调查。

今天的村庄在急剧变化着，但村庄依旧是活着的文化生态。21 世纪的中国村庄不会消失，而是会成为遗存的文化物种在新时代保留下来。学院与村庄的缘分刚刚开始，村庄里深厚丰富的文化艺术资源还没有真正进入学院的知识体系，而村庄里那些濒危的非物质文化遗产还有待学院的力量去抢救、发掘、整理、传播。村庄是我们现代化发展绕不过的一个开始，也是学院当代教育发展与艺术思想永远的温床。

2017 年 11 月于北京艺术驿站 8 号工作室

黄河考察时于宁夏西夏王陵留影

靳之林先生带六位剪花婆婆到中央美术学院传授民间剪纸技艺期间，于天安门广场合影留念

1988 年，乔晓光（前排中坐者）在青海平安县考察皮影戏，在皮影艺人刘文泰（后排左四）家合影。前排右一为杨阳老师，后排左五为杨先让老师

1992 年，杨先让老师与冯真老师在布置民间美术陈列室，黄河民间艺术考察时收集到的作品构成陈列室的主要收藏

靳之林先生带德国留学生到安塞群众艺术馆参观剪纸作品

世说新语之中央美院

姚璐 / 文

美院的故事太多太多了，再大的宏篇大论也难覆盖全。我们的脑海里往往是一小段一小段极其有趣生动的小故事。但是这些小故事，就像涓涓的细流，慢慢地汇成大海，构成我们的青春、我们的记忆，以及我们美好的美院生活。所以，我将这篇小文称为“世说新语之中央美院”。

1. 中央美院的校徽含金量可高了。我记得有一趣事，1987 年上大学，学院第一次组织军训，大家都戴着校徽在昌平装甲兵指挥学院操场上正步走。当地百姓不知道这是一群什么队伍，一个个认真严肃又怪里怪气的。他们远远地看见每个人胸前别着的小白盘儿，模模糊糊有几个字，分辨了半天后惊呼：这是“中央美军”！

我和我们班石鹏去贵州采风，我们俩走在街上，当地的一帮年轻人看见我们俩样子怪怪的，就过来问：你们是日本人吧？石鹏也没理他，指着胸前的校徽让他们看，那伙人一瞧，大声道：嗨！是美国人啊！

2. 我做毕业创作的时候，去贵州的一个地方，据说能看见当地的妇女在河里洗澡，于是特别好奇，便沿着那个河往上游走。走了大半天，啥也没看到，实在走不动了，才悟出原来是“曾经有人看见过”有女的在那儿洗澡。想想在美院都画了 4 年人体了，看她干吗？于是又悻悻地往回走了。

在湖南湘西写生

上学期间的姚璐

3. 我们去湘西写生的时候，在一个叫腊耳山的地方待了几天，那个地方非常偏僻，而且是在山里头，交通不便，非常贫穷，几乎没有吃饭的地方。最后想尽办法，从当地供销社买了点儿牛肉，又借了一个煤气炉子，半生不熟地炖了一锅，大家就胡乱吃下解决了，这次印象非常深。当时正赶上中秋节快到了，山里头的麦场晚上放露天电影，我们也跟着过去看热闹。那里的苗女三五成群正唱着山歌，在月光下见到男的，就冲过来撞你一下，然后又匆匆走开。开始以为她们找茬打架呢，还真有点紧张。第二天问了村里的人才知道那是他们的习俗，说明某个女的看某个男的长得英俊，所以才起哄撞一下，表示爱慕！我们还没说什么呢，马老师（版画系马刚）马上嘟囔了一句：我昨天晚上被撞了四次……四次……四次……

更逗的是到了年底，在版画系春节联欢会上，大家聊起这个事儿，说马老师自言自语夸自己被撞了四次，沾沾自喜。忽然版画系主任宋源文先生站起来说：不可能不可能，绝不可能，他吹

87 级版画系合影

87 级木版工作室

牛，马刚的年龄和长相姑娘不可能看上他，根本不可能被撞了四次。有事实证明，原来当年，马老师还是学生时，宋先生带着他们班去东北写生，参观一个幼儿园时，所有的小孩都在那唱歌跳舞欢迎叔叔，唯独跳到了马刚面前时所有孩子都冲他喊：爷爷！

4. 我们在上广军先生课的时候，有次他早晨来到班里，跟大家解释今天稍微晚了一点儿的原因，说着拿出一个布包，里面是给大家烤的面包片！他让我们每个人把手伸进口袋里拿一片，边说：别多拿啊！每个人就一块啊！

每次上色彩静物课的时候，大家都抱怨静物的花儿不新鲜，水果是蜡做的没意思。有一次大家都盯着广先生，他明白了，从钱包里掏出一张十块钱大票——当时十块钱可是“巨款”啊，让我们去买点新鲜的东西，大家拿着钱就跑了，他在后面喊着：别乱花钱啊！悠着点儿，悠着点儿呀！

发生在广军先生身上的故事太多了。有的是真的，有的是假的，但是只要发生在他身上，大家都愿意相信那是真的。记得当时广先生骑着辆自行车赛车在胡同里飞驰，长发飘飘非常地帅。第二天忽然发觉，那辆车的车把由直角把变成了羊角把，大家都说广先生您真有钱，还买了两辆赛车，要知道当时这种自行车是很贵的。广先生说：不是，不是，我是买了两个把，我换着车把骑。哈哈！

5. 我们班有一个叫赵勇的，他在我们班年龄最大，特别有意思。他的头老是微微地摆动，全校闻名，不管是高年级还是低年级都管他叫“否定一切”。他是北大荒版画群体里的一员，木刻技巧和印画技术非常强，每次他印画的时候，老师们也都会过来看他的表演。

6. 记得在王府井老美院的时候，有三样东西是最方便的，我们也特别自豪。一个是自行车打气特别方便，学校有一个电打气，随时可以去打。还有就是打电话很方便，几乎每层宿舍楼都有一个公共电话，虽然是传呼，但是在当时来说这可是特别方便的。还一个方便就是我们有一个礼堂，几乎每个星期都有电影，我们可以随时蹭看。

7. 冬天跑步的时候，大家都沿着王府井大街转圈儿跑。等回到学校的时候，很多人怀里揣着茄子黄瓜什么的，原来沿途的菜站每天下班的时候，都用棉被把那些菜盖住，没想到便宜了我们这些人，每次路过的时候都伸手揩油……

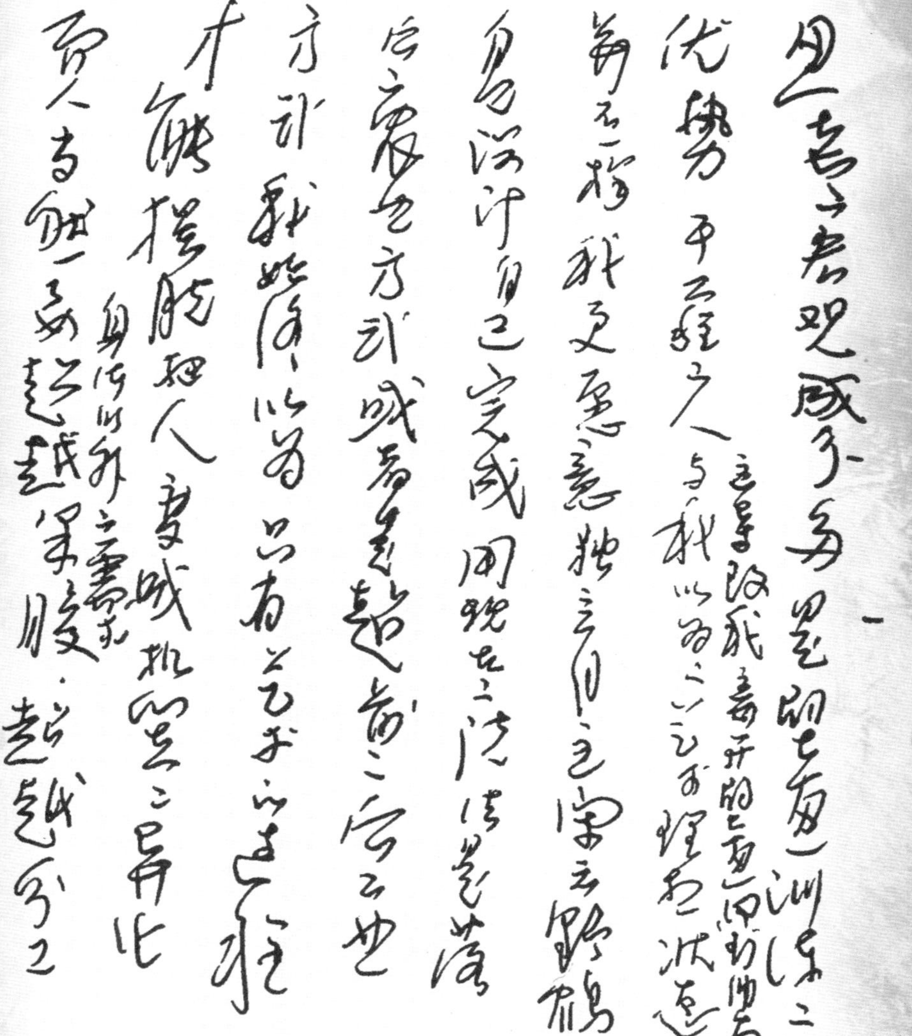

马路《把教学事故变成教学故事》手稿节选

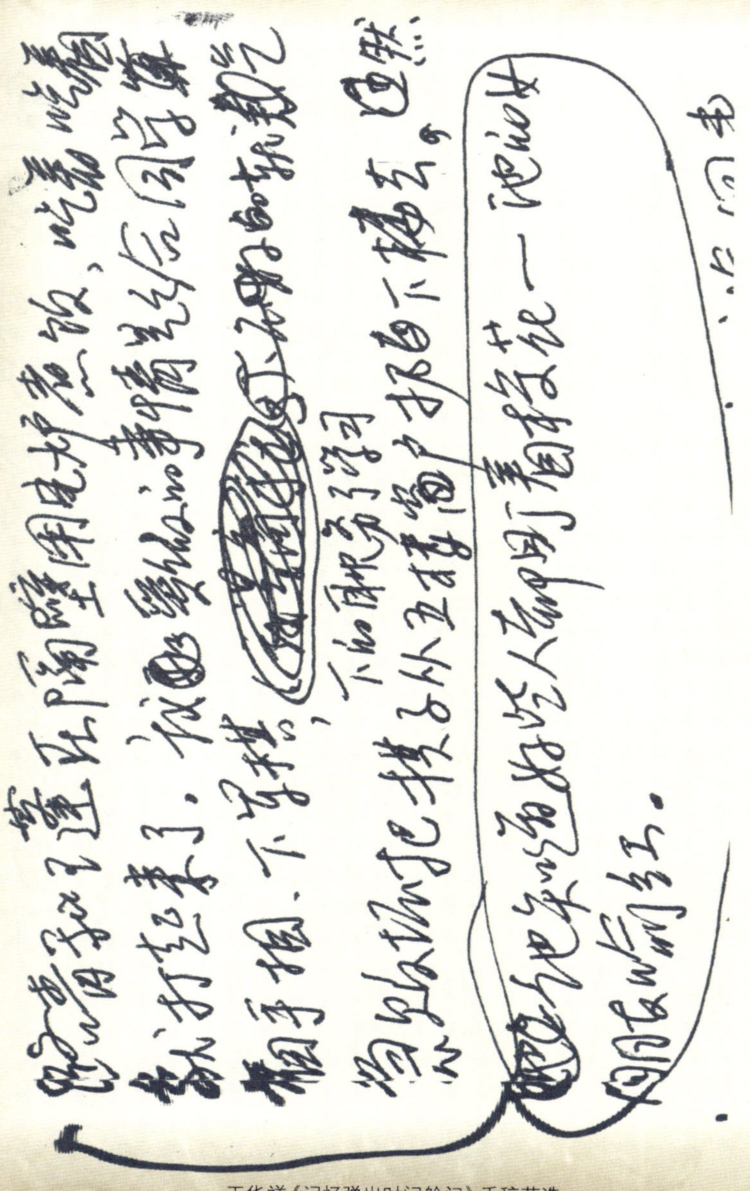

王华祥《记忆弹出时间舱门》手稿节选

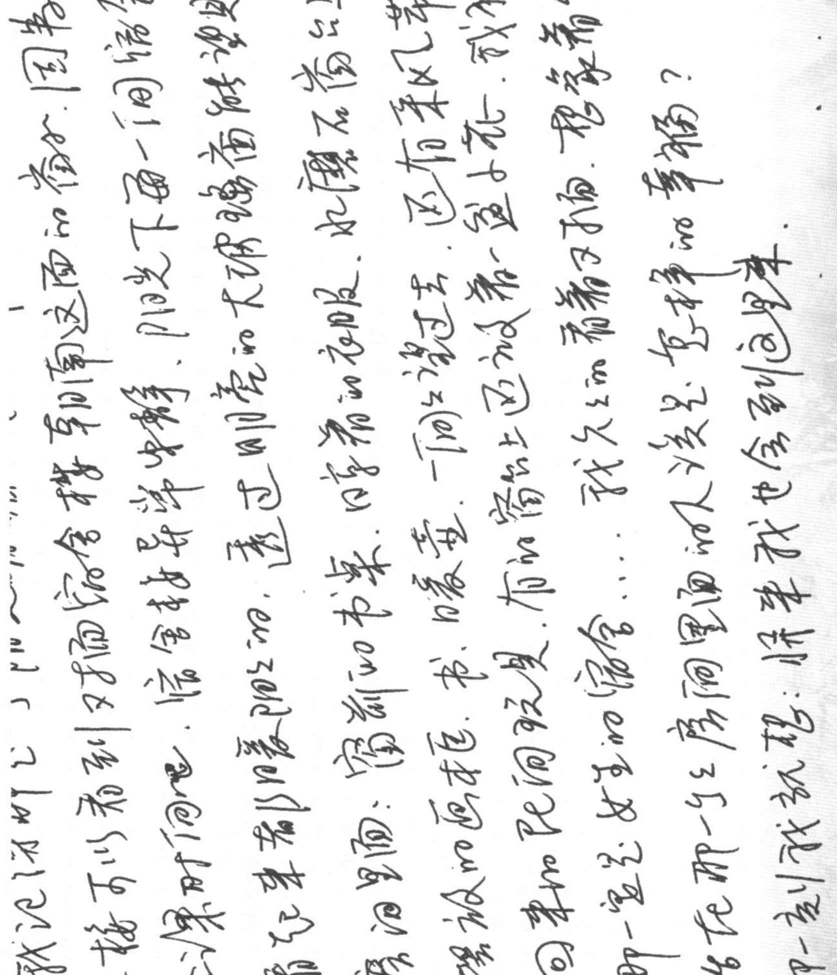

郜笛斐《冬季校园》手稿节选

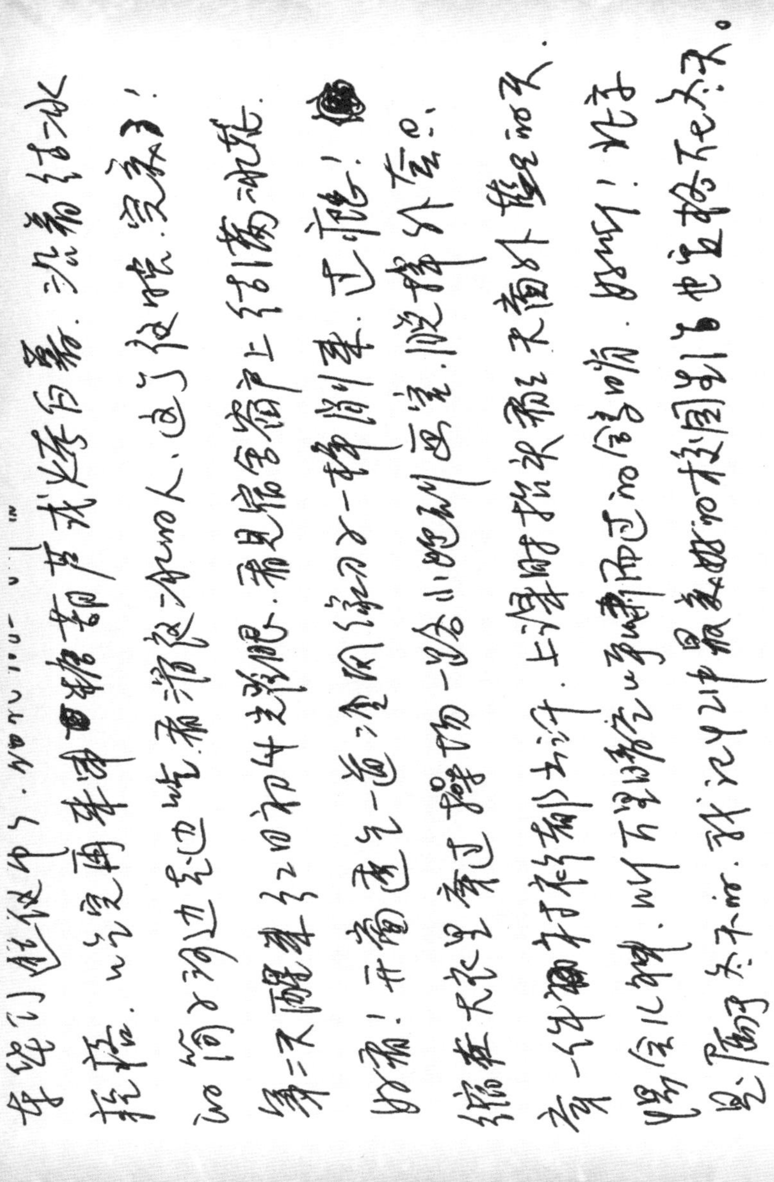

郜笛斐《冬季校园》手稿节选

梦的画室

耿乐 / 文

校尉胡同 5 号的主教学楼是栋两层的灰色建筑，呈半围合状将一个小花园围在中间，俯瞰是 U 型，我们叫它“U 字楼”。二层屋顶朝北的斜面全部开有天窗，这就是传说中的顶光教室，我们的画室。

每一间画室虽然有四扇朝南的大窗，但常年都被厚厚的布帘遮盖，画室的光只能从天窗漫射下来，顶光的设计使画室里的光线不受阳光移动、阴晴雨雪的影响，因此置身画室总会有一种时光凝滞的感觉。

U 字楼据说是新中国成立前盖的，墙体厚，隔音好，画室里铺着踩起来咚咚响的木地板，画素描的时候听到的只有铅笔摩擦纸面的声音，闻到的是木地板的味道，地板缝隙里陈年的铅笔屑和颜料渣也算是一种传承。

还有一个传承，就是在 U 字楼里夜宿，虽然这是被院方禁止的。我相信每个班级，每间画室都曾有同学夜宿，我也是其中之一。谁不想有一个属于自己的空间呢？但又没钱。

夜宿攻略之材料准备。记得第一次画女人体，幸运的我们赶上了学校里女神级的模特儿，无论相貌、身材、肤质都近乎完美。班里的男生们个个热血沸腾，有一个为了不在食堂排长队每天都拿着饭盆提前离开画室的同学，那天下课后竟躺在刚才女神站过的模特台上翻滚，问他不去打饭了吗？他却大呼：“开除我吧！枪毙我吧！”这种木制的模特台是每间画室的标配。白天人体模特儿在台子上站卧坐跪，晚上模特台就是一张现成的单人床。

夜宿攻略之锁门方案。既然不允许在画室夜宿，院方安排了保卫科每晚查夜。画室的门是挂锁，只有从外面才能锁上，而看到这把锁锁好是查夜人员每晚的任务之一。据说曾经有师哥带女友夜宿没锁挂锁，被保卫科破门而入。锁门方法有二：一、拜托最后一个离开画室的同学帮你从外面把门锁上；二、自己出来把门锁好，再从门上方的通气窗钻回去（爱心贴士：整个 U 字楼在

耿乐

23 点之后没有一盏灯会亮）。所以最好避免晚上起夜，要不就只能从通气窗钻出，穿过黑黢黢的走廊，来到走廊尽头伸手不见五指的厕所方便后再原路回去。这整个过程就相当于在敌我对峙的战场上从战壕里爬了出来，完全将自己暴露在保卫科的火力杀伤范围之内。一旦安全翻回被反锁的画室，刚才扑通跳的心脏很快就平静下来。天窗将月色柔柔地洒进整个画室，此刻秒懂中学课本里那句“一片安静而和平的夜”。这是画室一天中最静的时刻，静到可以听见暖气管里的水流。地板上灰尘的味道和画架上颜料的味道很快混入了梦乡。

夜宿攻略之心理建设：不要等，因为你无法知道他们什么时候来。你唯一能做的就是保持静默。由远至近的敲门声、脚步声、拖行铁棍的声音迟早会出现在这长夜里。保卫科每夜的例行巡查，每一间画室的门是一定要霸气敲到的。巡逻队终于敲到我这间画室时，门上的玻璃在震颤，挂锁哐啷哐啷地响，手电光从门缝里闪进闪出，和电影里大搜捕的动静无二。我的头与门的直线距离不过两米，在如此强大的震慑和恫吓下，我没立即投案自首的唯一心理支撑就是门外那把锁得好好的挂锁。随着敲门声停止，脚步声逐渐远去，画室又回到了本来的静谧。而我的梦再次被打断的时候，是听到窗外小花园里小鸟吱吱的鸣唱，睁开眼，晨光已从天窗漫进，现在急需做的就是从通气窗翻出去，给我的膀胱解压。

在我们的画室里画过许多画，听过众多先生的谆谆教导，得到过很多艺术启发，也发生过不少观念上的争论。听音乐，弹吉他，健身，约会，下象棋，开大 party，第一次一晚上喝了七瓶啤酒……一弹指，毕业已二十多年，美院迁到新校址也十几年了，U 字楼更不复存在。在画室里度过的日日夜夜现在想来好像一场梦。

为什么我记得前两天我还回过我们的画室？闷热，依然那样静谧。小花园里的蝉叫得欢畅，暑假就要结束了，同学们还都没回来。

2017 年初冬

穿越美院

向京 / 文

一

说起美院，我只认定王府井那个老校区。老美院小得要命，那些路径闭着眼也能想起来，它时常出现在我的梦境里，带着契里科画里的光影。

怀着考取名校的荣耀心，多少人曾在校门口“中央美术学院”几个毛体大字前留影。正对着大门，是爬满常春藤的U字楼，穿过架着乒乓球案子（时常会碰到疯狂球手易英老师在鏖战）的走道，就是雕塑系和版画系的院子。雕塑系一年级的教室被漆成绿皮火车车厢，让每个新生一来就感觉踏上了某段旅程。U字楼和雕塑系的教室全部都是当年的苏联专家帮助设计的天光教室，加之时光雕琢，每个房间都拥有柔和的来自上方的天窗照明。那是古典主义时代的神性之光，以至于我错误地以为所有的美术教室，都应该在这样的神光沐浴下。而每个教室里原大尺寸的欧洲老雕塑，比如米开朗琪罗的“奴隶”和一些希腊雕塑，都取自20世纪50年代留苏的老先生想方设法带回来的模具，经由几十载岁月打磨，成了灰黑色，几处高点被各种手摸得亮如青铜。虽然这不过是石膏材质的复制品，可品质气质都不亚于很多年后我在欧洲博物馆里看到的原作。我一直以为光线和这些雕塑的环绕构成了我们学习时的某种神圣氛围，也是我们被植入体内的神秘基因。

教室出来，往前走到头就是学生食堂，雕塑系的学生干体力活，容易饿，吃饭也积极。那些上完人体课，从燥热的教室出来，晒着冬天的太阳，坐在门口一边捧着搪瓷饭盒吃饭，一边看着其他同学三三两两追跑打闹去食堂的年轻日子，一如昨天。

食堂出来往南走，会经过 U 字楼中间的花园，那里有雕塑系和版画系办公室，老师下班之后，那儿也会成为一部分人的恋爱圣地。U 字楼的南侧有我们最爱的图书馆，那时很少人有出国的机会，所有的学习资料都来自图书馆里有限的画册，那里有我们对艺术、对西方世界所有的想象和知识搭建的基础。而状态不好的时候，逃课也多半会躲在图书馆里。有几本米开朗琪罗的画册，都是绝版的老式珂罗版的画页，不知借阅了多少次，爱不释手。

大学时，在雕塑系三工作室的教室里

等自己挣了钱买相机，把整本画册都翻拍过一遍。

图书馆面对的，就是美院的操场。弹丸之地，是美院历届男生的竞技场，篮球足球羽毛球，体育课集体舞，基本都在这个小操场里。这里也是集体生活最公开的地方，从四面八方或明或暗的窗户里投射出的眼光汇聚的焦点。操场的尽头，就是被我们称为“板儿楼”的宿舍，女生在四层，五六层都是男生宿舍，再往上，是留学生宿舍，再往上，还有一些老师的画室。一共两部慢悠悠的老旧电梯，学生多半爱爬楼梯。我的宿舍朝北，刚好对着操场，也经常趴着窗台看男生踢球，雕塑系基本每届都会诞生仿佛该去考体育学院的球疯子，也一直保持着足球上的绝对优势。

宿舍楼的后背，还有一个临街的美术馆，那是个浮雕装饰的苏式建筑，和协和医院斜对角。当年的历届毕业生作品都在那里展览，还做过校级收藏展——“大师的足迹”。他们是我们仰望的星星，也是每个央美学子刻在内心深处的荣光和骄傲。和这个有点“官方”色彩的院级美术馆并排的，是一个由自称“学习不好”的美院毕业生翁菱主持的非营利的美院画廊，有点不伦不类地戳在那儿。和正统的学院风格不同，这儿曾经是90年代最有前沿精神的展览场地。

那时的艺术家多出身艺术院校，当代艺术早年的繁华，学院贡献了其中最重要的人才和阵地。没错，那时的孩子都是傲娇的，每个人都等待着成为与众不同的那一个。如同被夹在王府井商业中心的狭小的央美老校区，依然顽强保留着商业大潮初发前期的文化贵族劲儿，和一种自由主义的做派。每到黄昏，王府井大街路边的大树上，成千上万的乌鸦聚集，映衬着群青色的天空，每一只好像都带着八大山人画里的表情。今天看来，一切都如一则寓言。青年的我们如何在央美起航，而那里，终将成为一块文化墓地。

二

我上大学的时候，隋建国还是个刚研究生毕业的年轻老师，我们都叫他老隋。老隋和其他老师不一样，不玩不闲聊天，就喜欢鼓捣他的作品。当时我和他不怎么熟，但始终觉得他是个很奇特的人。有一次我们在空旷的操场擦身而过，老隋突然“嚯”地一声，向远处一指，我下意识回头，看到一颗特别大的彩色航空气球几乎静止地停在王府井低矮的楼群中间，意味深长。

还有一回下午没事，和同学在老隋的工作室那儿坐着，聊天。老隋在一边进进出出地干活。几个男生在那儿扯皮的时候，老隋刚好拎着个扫帚要到门外扫地，突然他又“嚯”地喝了一声：“快出来看——”

老隋平时是很理智沉稳的一个人，我听到他这一喊，也觉出点异样，“噌”地就蹿起来，奔到门外。那是一片两排的小平房，中间一条长长细细的过道，东边两排房子的尽头有一棵参天的大杨树，也不知有多少年了。底下的树干和我们的平房一样高，树冠就完全长到屋顶之上了，所以平日常作鼠窜的我们也就很少抬头注意那棵树。

那天我蹿到门口时，一阵邪风正由那狭长的过道自西向东刮过，卷起过道里各种乱七八糟的尘土、纸屑。我出于本能地闭眼背风转头，再一睁眼，那棵树正好撞进我的视线。背景只有干净的天空，这树忽然显得顶天立地，壮丽而招展。怪风疯狂地刮过去，遇到树，倏地分成无数奇怪的精灵，从树枝树叶之间呼啸而过。

当时正是黄昏时分，金黄的阳光在每片树叶上跳跃，搞得整棵树都金闪闪地剧烈颤抖。那情景仿佛无伴奏的万人合唱的各个声部的最后一个音符：一个拖长的“啊——”

我像刚好撞见了乐章的尾声，猛一回头，西边长长的一条过道静悄悄地，既没有人，也没有风，歌声戛然停止。我吃了一惊，再一回头，那棵大杨树巨大而沉静，从容不迫地迎着我的目光，而那阵邪风了无痕迹。我茫然地回过身，老隋正在背后，冲我微微一笑。

三

如今，和我们的青春一并消失的，是中央美院整个王府井的校区。残存的 50 年代风格的美术馆，已经变成了协和医院的陈列馆。大板儿楼没了，U 字楼没了，当然，雕塑系那些老旧的教室，以及被涂抹在白墙上的那些消失的名字和感情，也只存在记忆里。时间带给人无法重复的每一瞬间，而在每个人这里，由记忆雕塑成了千姿百态的形状。只要是回忆青春，我就变得极度矫情，极度缺乏克制，附中和大学的青涩在时间的反复而过度的渲染修饰里逐渐被打磨成了最完美的样貌。反正北京已经变得面目全非，没有什么物证可以佐证我们不实的记忆，它可以兀自在那儿闪闪发亮。学院从市中心不停地撤退，不停地扩招扩建，精英时代已然落幕。我自己最后一个工作室已经搬到了北京的尽头，而央美的一个巨大的新校区,就在不远的更远处。我们遭遇了太多的剧变，以致确实有些事情已经仿若经历了几个轮回的前生后世般记忆不清。当一把钥匙试图打开这个记忆的大门的时候，会发现千军万马般的细节企图从那扇门里呼啸而出。种种细节随之交集成电闪雷鸣，构成不可言说的风云，由今天的自己艰难地缓缓地关上那道沉重的时间之门。

2017 年 9 月于北京宋庄

（部分节选自《我看到了幸福》一书，文化艺术出版社 2011 年出版）

石版工作室里的“东方美男子”

肖戈 / 文

艺术圈有这样一种说法，“版画系出人才”，例如徐冰、谭平、苏新平、方力钧等大咖都毕业于版画系。我虽算不上是人才，但有幸沾过点儿版画系的仙气，早年就读于中央美术学院版画系的经历，使我一生受益。

从版画系毕业继续做版画的人并不多，我也不例外。在国内外漫漫求学之路上，我一路“不务正业”，从版画到油画、装置、行为艺术，从写实具象到观念艺术，再到策展、艺术媒体，我都体验了一遍。尤其是近些年来，生活节奏快到了只剩下一个“忙”字，来“凤凰艺术”的三年里更是忙得我开始失忆。当记忆被忙碌渐渐清空时，看似繁花似锦的生活也开始变得越来越苍白。

读书期间的肖戈。这就是石版工作室门前的那条路，石版、铜版、木版几个工作室紧挨在一起

忙里偷闲时，我总能想起央美石版工作室墙上挂着的《宁静的小镇》《躺着的男人与远去的白马》《网中之羊》等画，这些让我不断遐想的经典之作。那种对称性的构图，晦暗中的影子与反光，仪式化的人物动态……犹如与苏新平老师的相处，光点慢慢汇聚、摇曳，离得越久远，反而越发光亮。

记得当年版画系让我们选工作室，在尝试过木版、铜版、石版、丝网版画之后，我选择了石版工作室。至今还记得系主任谭权书老师说：“有些同学不要自不量力。”因为我长得瘦小，而做石版画却是重体力活儿。那一年我们班十个同学只有我一个人选择了石版工作室，而教我的老师却有两位——李宏仁先生和苏新平老师。

中央美术学院于1953年设置版画科，1954年成立版画系，同时建立了石版教学专业，李宏仁受李桦先生之命承担起建立石版画专业教学体系的重任。我上学那会儿还在王府井老校区，回忆深处的石版工作室宽敞、幽暗，从早到晚都得开着日光灯。

苏新平老师也是灰调子的，他的面色似乎要比常人暗沉许多，骨骼宽大而身形瘦削，配着一头诗意的长发。我是苏老师央美研究生毕业后任教的第一个学生，在一对一的教学过程中，他给我留下的印象是认真负责，耐心严谨。虽然他不善言辞也不苟言笑，甚至略显木讷，但性情却极为温和。

石版属于平版的一种，材料十分讲究，从磨石头到制版乃至印刷的流程非常复杂，更是重体力劳动。平日貌似内敛深沉的苏

上学期间，为了方便工作，在石版工作室对面的学生工作室里安了一张床

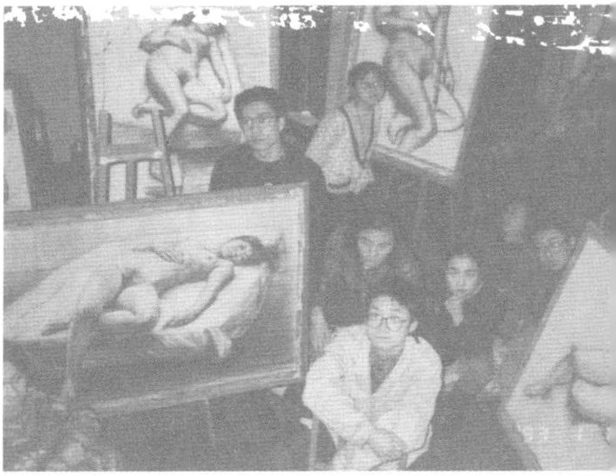

在画室

老师却也有着怜香惜玉的一面，他时常会一边传授技艺，一边忍不住替瘦弱的我打滚子、摇机器、印画，每当这时，总是倍感温暖。

我的性格偏外向，上大学那会儿更是一个傻乎乎的二愣子，虽然自我感觉活得挺自由自在的。为了方便工作，我在石版工作室对面的学生工作室里安置了一张床，这样我就可以随时随地去工作室工作，作息也因此变得颠三倒四的。苏新平那时是留校不久的青年教师，住在学院的教工宿舍里，虽然都在一个校园里，但一般情况下学生不会去老师家串门。

至今苏老师还会提起一件小事。那是一个周六的清晨，教工宿舍楼下有人在不断大声喊话："苏新平，你给我下来！苏新平，下来！你给我下来！……"睡梦中被吵醒的苏新平太太一脸懵地问道："这是谁啊？"苏老师只好尴尬地回复："是我的学生肖戈。"当时我在工作室里通宵制版，因为技术原因石版出了问题，我心急火燎地跑去找苏老师"救命"。据说，当时被我弄得哭笑不得的苏夫人对丈夫说道："这简直就是一个'小疯子'。"

1993 年到 1994 年之间，苏新平老师去美国待了一段时间。等他回国以后，石版工作室开始流传这样一个段子：听说苏老师在美国期间不但作品受到肯定，还被美国人认为是“东方美男子”。他那张让人过目不忘的脸，大家都认为极具个性，可算不上英俊，苏老师有时也会自嘲“难看”。听完苏老师“东方美男子”的段子之后，我和石版工作室的郭晓牧师姐以及刚留校一年的李帆师兄笑得前仰后合，调侃美国人民的审美就是不一样。

版画系学习四年，其中在石版工作室就整整呆了两年，李宏仁先生和苏新平老师对我的谆谆教诲，让我终身受益，也让我做出《红碗》《男孩子、女孩子……》等一系列代表我个人最高水准的石版画。在苏新平眼里，我是一个有才华的学生，还记得临近毕业那会儿，有一次苏老师无意中问我：“有没有想过留校？”那时候我特别自卑，也完全不懂人情世故，总觉得留校这种事情肯

在石版工作室聚餐。左起：苏新平老师、李帆老师、吴长江老师、李春林（进修）、铜版工作室的同学张春勃、肖戈、石版工作室的韩国留学生林音轩

定得是我们班常久青同学这样的党员才有资格考虑，怎么可能轮到我呢。于是一念之差，我在毕业后就离开了石版工作室，完全没有想到，时至今日我再也没有做过一张石版画。

二十年如白驹过隙，当我再次见到苏新平老师时，他已经是中央美术学院副院长，惊异于他的不变与本真，依然宽厚温和的容貌和诗意的长发，还有，他依旧惦念着我“何时再画画”。

《全家福》 肖戈 石版画 1992 年

《红碗》 肖戈 石版画（指导老师：苏新平）

暖·灰

王川 / 文

2015 年，余丁托我帮一个叫黄勇的艺术家把画儿从德国带回国内。但阴差阳错地，我俩没有碰面，只是通过德国酒店的前台进行交接。直到 2016 年，有人指着一张似曾相识的脸告诉我那就是黄勇，那表情像是在说："你连他都不认识？"没错，真不认识，但不认识的只是这个名字，这张脸我仅用了一分钟就从记忆中检索出来了。等到有机会正面说话时，已经又过了一年。

话题直奔 1986 年，据说那是美院本科招生人数最少的一年，而我俩又同在报考连年系的那更小的一撮儿人里。至今我对他画的印象仍旧清晰——画得特黑！对于记忆的还原、补充和修正，通常是日后聊出来的。后来从黄勇的嘴里，我才了解了这件人生大事中一些我完全不知道的细节——为了一举拿下考试，他的策略是在红桥自由市场的速写考试环节中，冒着超时的风险将所有速写纸的正反两面全都画满。听到这儿的时候，我心想：你也忒狠了！多年的阅卷经验告诉我，就他那个造型、那个黑度，再加上足量，明摆着是不留活口。我自己画了多少，现在却怎么也想不起来了！在相当长的一段时间里，他都坚信自己制胜的关键不仅在于画得好，还因为小小年纪就知道要讲策略！但这种人生观到大二便毁了：一次大扫除中，他们抢救出了当年的入学考试试卷。这些史料明明白白地显示——黄勇的策略几乎也是大多数人的选择（捂脸）。

就考美院这件事而言，没有比这更生动的写照了。

然而，我最后还是去了中央工艺美院学习书籍艺术，主要原因是家里出于今后找工作的考虑。当然，美院发来的文化课准考证到得也比较晚。这纸比 B5 还小点的（手写的）准考证我当时着实没少拿出来嘚瑟，因为大家都知道这张小纸片的份量。今天再看它时心里有些感叹：我逐渐开始相信，从那时起美院的大门就一直为我留了条缝隙。

80 年代的中央美院和中央工艺美术学院这两所学校等量齐观、各擅胜场，这是比较客观的评价。至今我依然觉得自己赶上了这两所学校最好的时段，遇到了最好的老师。两校间不存在现在大学之间的同质化问题，毕业生也各有大致专攻的方向领域。这种格局大约持续到 90 年代。刚毕业不久，我就惊讶地发现我美院壁画系哥们儿开的平面设计公司做得很火，排版印刷业务也比我熟练太多。但没关系啊，我知道法海寺有壁画而他就不知道！直到现在，这仍然让他翻不过身来。

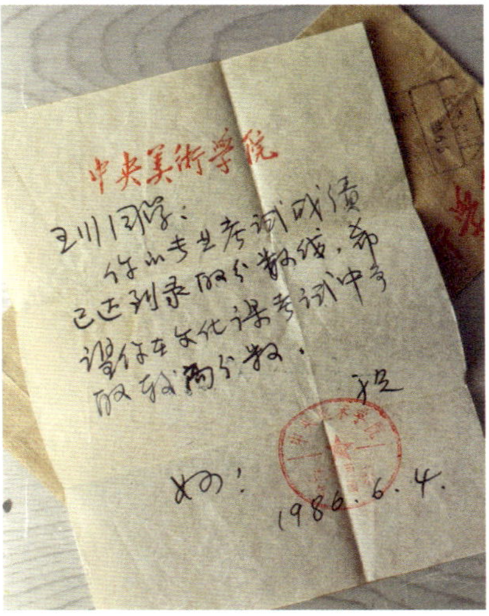
中央美術学院
王川同学：
你的专业考试成绩已达到录取分数线，希望你在文化课考试中争取较高分数。
祝
好！
1986.6.4.

王川的文化课准考证

工艺美院的同学们除了大批南下广州、深圳，并在那里让中国设计有了新面貌外，也有相当一部分人杀入了蓬勃兴起的中国当代艺术圈中。还有出国的、唱歌的，以及像我这样笃信专业对口、高高兴兴在出版社做编辑、画插图的。今天，我更愿意把当时的种种交叉换位、误打误撞、相时而动和执迷不悟，统统理解为对那个特定时期艺术大潮的细小折射，身在其中的我们其实都奔跑移动在被大局划定的轨迹上。这样看来，大到中央美院搬家、中央工艺美院并校，小到谁谁辞职、某某出国，都不再是孤立的事件。

1998 年，在《土地报》上班的姚璐拿着一纸招生简章跑来，那上面说当时已经在二厂中转办学的中央美院要办个班——国际合作的摄影研究生班！对于已经在一起玩了近十年摄影的我们来说，这一针鸡血打进去，二话没说就立马办理了离职手续，再次投入一场既似曾相识又无比陌生的入学考试中去，我也再次叩响了美院的大门。这次的考生可大不一样了，其中有名片上印着“我的专长就是

二厂

老福授课中

摄影”的职业选手，还有浑身设备、穿着各款摄影背心的“老司机”们。与黄勇不同，他们的策略至今仍不得而知，但在当时已经让我们有点儿二乎了。最后，还是“这毕竟是在考美院”的信念撑起了我们仅存的那点自信。

在二厂貌似破败却活力涌动的校园里，新建的摄影工作室令人炫目了很久，我们 16 个学员也始终有点另类。全英语教学也就罢了，课程中还充斥着对数、几何和化学分子式，以及铺天盖地的专业术语。耳畔回响的不是闪灯的爆响，就是电箱回电的吱吱声，鼻子里则永远是冰醋酸与赤血盐的味道。一帮人成天排着队在一台当时售价高达十几万元的巴掌大的密度仪上读取灰阶数据，然后再撅着屁股在坐标纸上绘制曲线，并告诉自己这就是曝光影调和色彩！这本就新鲜的一切，只因发生在二厂而显得更加超前，更加超现实。我们的导师老福夫妇（Siegfreid Mannietta & Ulli）向我们展现了德国人的严谨与执拗。在他们的感染下，我们也都习惯了不吃午饭，每天八小时以上的暗房和四小时以上的影棚工作。从暗房出来，站在树荫下，两眼一片花白之中常有衣着更白的胡伟——现在的胡馆的身影飘过。一次英语考试中，面对一道选择题——“Which is the name of your professor?（以下哪个是你教授的名字？）”——下面是几个人名选项，班里的老大（他有个计划是毕业就抱孙子）非常生气，拿着卷子跟翻译兼英语老师王旭说：这道题不对，你下面这几个词，字典里根本没有！

马爷发际线大踏步地后移，晋华的头发在前额打绺，都始于这阵子。他俩和老福夫妇用没日没夜的拼命兑现了美院在学科专业建设上的一个奇想，其成果甚至超出了我们的澳洲合作伙伴的消化能力。通过这个合作办学项目，美院毕其功于一役地解决了日后摄影专业的教员、课程、空间和硬件等众多问题，这是美院摄影后来异军突起、弯道超车的基础。据我所知，此后国内院校所有试图复制这个案例的尝试都没有成功，因为促成它的诸多因素是如此特殊且必须同时兼备。

能够以这样的方式，抓住这样的机遇，取得这样的成果，我只能说这太美院了！

在花家地建立起来的美院人的身份与归属感，与摄影和新兴的设计版块紧密依附，它的参照系仍旧是老美院。这既是新人、新专业、新版块的融入过程，同时也是对一个崭新的美院的整体认同的构建过程。2012 到 2014 年，我参加“国际大调研”工作时，那种超越了专业、院系、身份和年龄段的精神财富已经可以被清晰地感知和分享，这是一种经由相互了解和欣赏而生发的凝聚。今天，这种认同已经成为了我们生活的组成部分。睁开眼睛，打开微信，手指轻划，无论是看到范院长“开讲了”、刘小东谈现实主义、邬建安搞怪力乱神、吕品晶扎根农村，还是文化建筑在中国、艺术产业的承传创新、中国设计 40 年、CAFAM 双年展（中央美术学院美术馆双年展）……我们都会欣然地为这所学校和这里的人们把赞点出。

临近百年，这种状态，让人舒服。

2017 年 9 月于花家地

去摄影工作室路上的速写

《老福》

《马爷有点累》

《晋华也有点累》

作品

《高贡利山》 范迪安 油画 100cm×160cm 2015 年

范迪安，1988 年毕业于中央美术学院美术史系，现任中央美术学院党委副书记、院长。

《天书》 徐冰 1999 年 美国纽约

徐冰，1955 年生于重庆，1981 年毕业于中央美术学院版画系，现为中央美术学院学术委员会主任、教授。

《跨越昆仑》 王少军　玻璃钢着色　45cm×25cm×40cm　2014 年

王少军，1959 年生于天津，1982 年毕业于中央美术学院雕塑系，现为中央美术学院党委副书记、雕塑系教授。

《春水》 方振宁　套色水印木刻　1981 年

方振宁，1955 年生于江苏南京，1982 年毕业于中央美术学院版画系，现为职业艺术家，建筑及艺术评论家、自由撰稿人。

《碧绿》 倪军 布面油画 100cm×80cm 2016 年

倪军，1963 年生于天津，1983 年毕业于中央美术学院附中，现为职业艺术家，生活工作在北京。

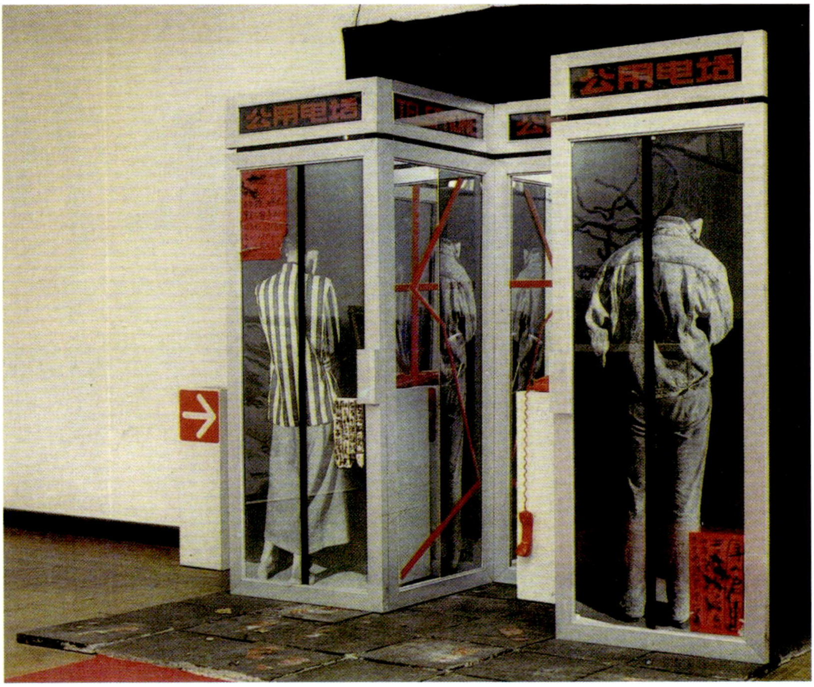

《对话》 肖鲁 装置、行为 1988 年

肖鲁，1962 年生于浙江杭州，1984 年毕业于中央美术学院附中，现为职业艺术家，工作、生活于北京。

《女红》 吕越 装置 尺寸可变 2012 年

吕越，1963 年生于山东，1984 年毕业于中央美术学院附中，现为中央美术学院设计学院教授、服装设计师。

《断层》 林延　装置　尺寸可变　2014 年

林延，1961 年生于北京，1984 年毕业于中央美术学院油画系，现为旅美艺术家。

《No. 0893》 韦佳 综合媒介绘画 178cm×200cm 2008 年

韦佳，1957 年生于北京，1984 年毕业于中央美术学院油画系，现为旅美艺术家。

王小帅导演作品。电影《十七岁的单车》海报

王小帅，1966 年生于上海，1985 年毕业于中央美术学院附中，现为电影导演。

王水泊导演作品。纪录电影《谁是大卫·布鲁赫》海报

王水泊，1960 年生于山东，1985 年毕业于中央美术学院连环画年画系连环画专业，现为中央美术学院电影与影像艺术系客座教授、导演。

"温普林中国前卫艺术档案之八〇九〇年代"展览海报

温普林，1957年生于辽宁沈阳，1985年毕业于中央美术学院美术史系，现为中国当代艺术研究学者、策展人。

《多思的年华》 李迪 布面油画 150cm×156cm 1985 年

李迪，1963 年生于内蒙古牙克石，1986 年毕业于中央美术学院油画系，现生活工作在北京。

量》 陈淑霞　布面油画　112cm×262cm　2014 年

陈淑霞，1963 年生于浙江，1987 年毕业于中央美术学院民间美术系，现为中央美术学院艺术管理与教育学院美术教育学系主任。

《向日娃娃》 刘庆和　纸本水墨　65cm×55cm　2013 年

刘庆和，1961 年生于天津，1987 年毕业于中央美术学院民间美术系，现为中央美术学院中国画学院副院长。

《逃逸者之二》 王中 雕塑 2000cm×3200cm×600cm 2011年

王中，1963年生于北京，1988年毕业于中央美术学院雕塑系，现为中央美术学院城市设计学院院长。

《假山石 59#》 展望 雕塑 4500cm×200cm×240cm 2008 年（摄于大英博物馆）

展望，1962 年生于北京，1988 年毕业于中央美术学院雕塑系，现为中央美术学院雕塑系教授。

《我们俩 No. 2》 喻红　布面丙烯　2007 年

喻红，1966 年生于北京，1988 年毕业于中央美术学院油画系，现为中央美术学院油画系教授。

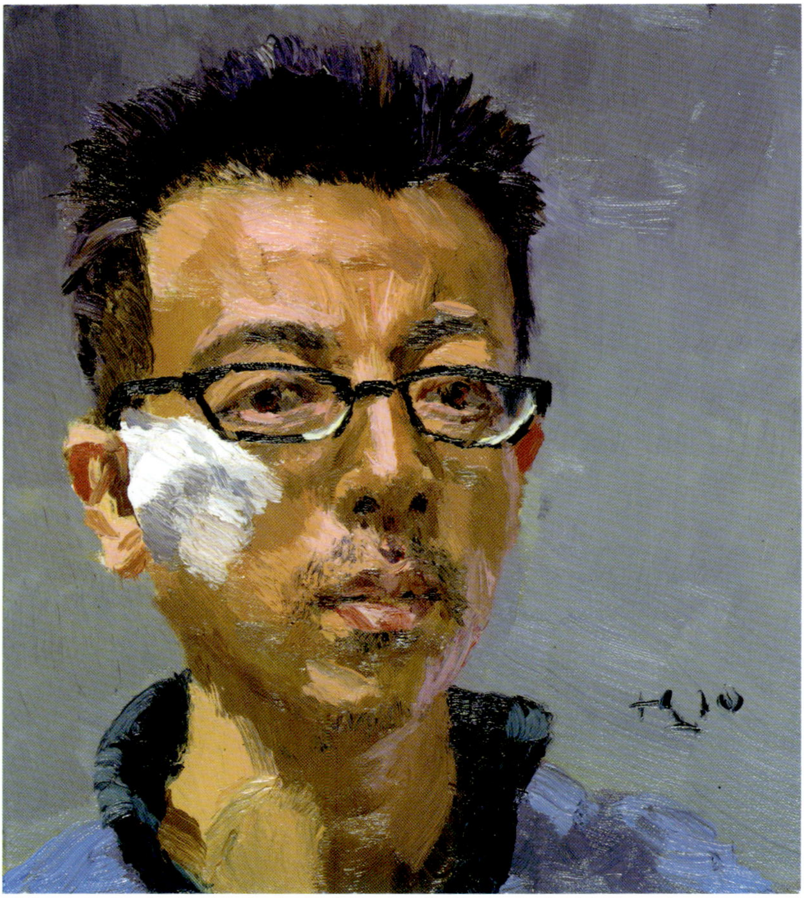

《自画像》 刘小东 布面油画 38cm×33cm 2010 年

刘小东，1963 年生于辽宁，1988 年毕业于中央美术学院油画系，现为中央美术学院学术委员会副主任。

《坚硬的白色漂浮之二》 马路 综合技法 100cm×160cm 2014 年

马路，1958 年生于北京，1982 年毕业于中央美术学院油画系，现为中央美术学院造型学院院长兼油画系主任。

《贵州人之一》 王华祥　木刻版画　29cm×36cm　1988 年

王华祥，1962 年生于贵州，1988 年毕业于中央美术学院版画系，现为中央美术学院造型学院副院长、版画系主任。

《系列二（之二）》 方力钧 布面油画 200cm×230cm 1991—1992 年

方力钧，1963 年生于河北邯郸，1989 年毕业于中央美院版画系，现为职业艺术家。

《马 No. 3》 杨茂源 雕塑 290cm×280cm×230cm 2003 年

杨茂源，1966 年生于辽宁大连，1989 毕业于中央美术学院版画系，现为职业艺术家。

《发廊系列 -1》 申玲 布面油彩 150cm×190cm 1990 年

申玲，1965 年生于辽宁，1989 年毕业于中央美术学院油画系，现为中央美术学院油画系教授。

《诡异的眼神》 王玉平　布面油画　150cm×120cm　2006 年

王玉平，1962 年生于北京，1989 年毕业于中央美术学院油画系，现为中央美术学院油画系教授。

《画室之八》 武艺 布面油画 24cm×30cm 2013 年

武艺，1966 年生于吉林长春，1989 年毕业于中央美术学院国画系，现为中央美术学院壁画系教授。

《手迹 4》 隋建国 雕塑 290cm×185cm×130cm 2013—2017 年

隋建国，1956 年生于山东青岛，1989 年毕业于中央美术学院雕塑系研究生班，现为中央美术学院教授。

《自画像》 郜笛斐 30cm×40cm 2014 年

郜笛斐，1991 年毕业于中央美术学院民间美术系，现为北京非凡是艺术空间负责人、策展人。

《城市》 乔晓光　剪纸组合作品　尺寸不等　2010 年

乔晓光，1957 年生于河北邢台，1990 年毕业于中央美术学院民间美术系，现为中央美术学院非物质文化遗产研究中心主任。

《洞庭春早图》 姚璐 综合媒介 120cm×120cm 2008 年

姚璐，1967 年生于北京，1991 年毕业于中央美术学院版画系，现为中央美术学院摄影系教授。

《阳光灿烂的日子》电影剧照，耿乐饰演刘忆苦，1993 年

耿乐，1974 年生于北京，1994 年毕业于中央美术学院版画系，现为演员。

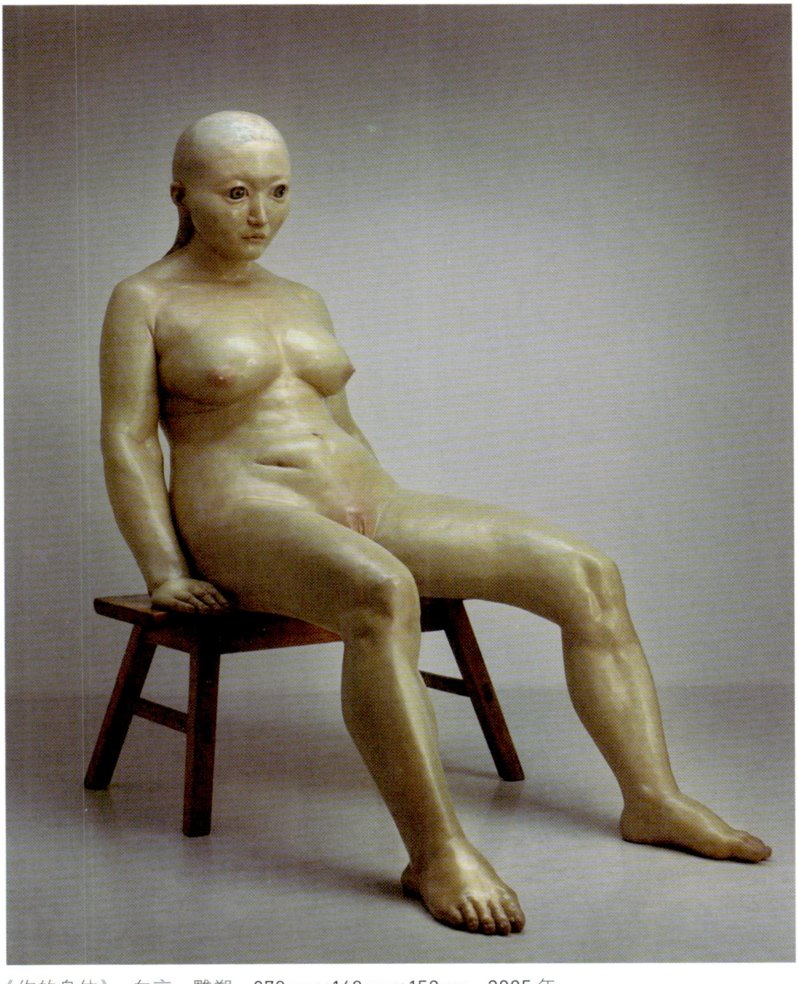

《你的身体》 向京 雕塑 270cm×160cm×150cm 2005年

向京，1968年生于北京，1995年毕业于中央美术学院雕塑系，现为职业艺术家。

“男孩子、女孩子……”系列之《男孩子》 肖戈 石版画 1994 年

肖戈，1971 年出生于上海，1994 年毕业于中央美术学院版画系，现为知名艺术媒体人、“凤凰艺术”主编。

《大清花》 王川　c-print　70cm×105cm　2009 年

王川，1967 年生于北京，2000 年毕业于中央美术学院与澳大利亚格里菲斯大学昆士兰艺术学院联合举办的视觉艺术（摄影）研究生班，现为中央美术学院发展规划处处长，摄影系导师。

编辑后记

《灰色的调色板：我在美院》，由中央美术学院艺讯网主编章燕紫老师策划并统筹，从2017年年初开始筹备组稿，经过一年多的写作、编辑、设计，在中央美术学院百年校庆来临之际，终于接近出版尾声。

本书收录35位中央美术学院校友的文章。这些作者先后于20世纪70年代至90年代间在美院求学，师承滑田友、王临乙、曾竹韶、谢稚柳、徐邦达、冯法祀、杨仁恺、傅天仇、宿白、钱绍武、侯一民、詹建俊、薄松年、靳尚谊、董祖诒、卢沉、广军等老一辈美院名师，经历美院从王府井校尉胡同5号老校区，到北京市半导体器件二厂（也就是书中简称的“二厂”）中转办学，再到落户望京花家地新校区不同阶段的变迁。从80年代至今，几乎每一个艺术大事件里都能看到他们的身影，他们亲手开创了中国当代艺术的黄金时代，其影响一直延续至今。

当这些文章把我们带回到他们青涩的学生时代，带回到每个人走上艺术道路的地方，却发现回忆全部被那些看似微不足道的小事满满当当地占据了——狂风中的大树、老师的绿色布包、冬天校园里的煤堆、夜晚的天光画室、一句没说出的话、一次失控的旅行、一些愈加模糊的身影和一些无法弥补的遗憾……回忆被时间切割成无数碎片，时间又将这些微小的碎片塑造成每一个生命今天的形状。

书中照片及作品均为作者本人提供，大部分为初次正式发表，由于本书篇幅的限制，在反复纠结后尽量少地删除了一部分图片和文稿，希望日后能有机会将它们展示出来。有部分作者同时提供了文章的手写稿，在设计时选取了部分内容作为本书插页。最后收录每位作者的一幅作品，简历中仅保留了作者在中央美院学习的相关情况，并未呈现作者全部的学业记录，在此一并向读者说明。

由衷感谢中央美术学院范迪安院长为《灰色的调色板：我在美院》一书命名，以及对这一出版项目的大力支持；感谢章燕紫老师将这些作者带到我们眼前，感谢艺讯网中文版主编朱莉老师对本书出版各项事宜的全力协助，以及中央美术学院人文学院艺术史论系张文志博士细致、耐心、效率极高地完成大量联络、组稿、整理编辑等工作；感谢中央美术学院美术馆提供了韦启美先生那张能唤起所有人青春记忆的作品，作为本书的封面用图。最后衷心感谢每一位作者无私且坦诚的分享，这本小书可能最终也将成为一块碎片，融入每一位读者的记忆。

2018 年 3 月

校尉胡同
5